私の京都

栗原はるみ

講談社

はじめに

歴史を受け継ぎながら、新しいものを取り入れる。そんな京都は、いつ行っても新鮮な学びがある場所です。歳を重ねるにつれて、日本人として生まれたからには日本の美意識や伝統、文化がつまった京都のことをもっと知りたいと思うようになりました。かしこまった有名店や観光客が集まる名所もいいけれど、地元の人が訪れる“普段の京都”を自分の足で探してみました。ひとりでも行けるかどうか、と考えながら、居酒屋や立ち飲み屋など、これまであまりご縁のなかったお店に行くのが、思った以上に楽しくて。和食だけでなく、中華やエスニック料理もおいしいのは新しい発見でした。季節ごとに足を運び、たくさん歩いて、店主や隣り合わせた方と話して、いろいろ買い物もできました。そして私がおすすめしたいお店や場所をまとめたのが本書です。私もこの本を持って、これからも京都に行きたいと思います。

栗原はるみ

三味洪庵

Contents

はじめに ………… 004

My Favorite Address
私のお気に入りの場所

01 好きな作家の器で、京都の旬を味わう ………… 012
祇園おかだ

02 大好きなミルクティーを淹れてもらう ………… 014
ミスリム

03 暮らしが楽しくなる、器や道具を探す ………… 016
木と根

04 ふわふわの麩饅頭を、おみやげに買って帰る ………… 018
京生麩 菊水

05 地元の人が通ううどん屋さんで、お昼を食べる ………… 024
殿田

06 二軒目は立ち飲みの角打ちで、餃子をつまむ ………… 026
SAKE CUBE

07 信頼できる老舗で、普段使いの文房具を買う ………… 028
京都鳩居堂

08 路地奥の人気店で、京都の中華の奥深さを知る ………… 030
イーパンツァイ タナカ

09 ランチコースで軽めにお肉とワインを楽しむ ………… 032
祇園 肉料理おか

10 洋服や雑貨を買いに、なじみの店をのぞく …… 034
ケイオカイライ

11 錦市場の隠れ家で、菜食ごはんを食べる …… 038
菜食 hale ～晴～

12 晩ごはんの前に、なじみのバーに飲みに行く …… 040
うえと

13 おみやげにぴったりな品のあるお菓子を探す …… 046
白（はく）

14 限定のほうじ茶を求めて、老舗に行く …… 048
柳桜園茶舗

15 小さな本屋で、旅のおともの本を探す …… 050
誠光社

16 ここでしか食べられない、できたての粟餅を味わう …… 052
粟餅所・澤屋

17 京都駅近くの鉄板焼きで、旅を締めくくる …… 054
あらた

18 コーヒーを飲みながら、河辺でピクニック …… 058
WIFE＆HUSBAND

19 重森三玲が暮らした家の、石庭を見学する …… 060
重森三玲庭園美術館

20 花街の中華を、お座敷で味わう …… 062
広東御料理 竹香

Contents

21 地元で愛されるスーパーで、じっくり買い物をする ……… 064
フレンドフーズ

22 京町家の喫茶店で、ひと休みする ……… 070
小川珈琲 堺町錦店

23 江戸時代から続く老舗で、お香を選ぶ ……… 072
香老舗 林龍昇堂

24 三兄妹のそば屋で、お酒とつまみを楽しむ ……… 074
通しあげ そば鶴

25 ボタンの“博物館”で、とっておきを見つける ……… 078
ボタンの店 エクラン

26 肝焼きとレモンサワーで乾杯する ……… 080
ブランカ

27 私好みの味で七味を作る ……… 082
長文屋

28 おもちゃ箱みたいな本屋さんを探索する ……… 084
ホホホ座 浄土寺店

29 立ち飲み屋で、夕方からチューハイを飲む ……… 092
酒場 井倉木材

30 四川の町中華で、ワインを楽しむ ……… 094
中國菜 大鵬

31 気のきいた一品料理を、カウンターで味わう ……… 096
つろく

32 大衆酒場で、昼でも夜でも気ままに飲む …… 098
たつみ

33 立ち食いそばで、手軽にお昼を食べる …… 102
suba

34 量り売りのスーパーで食材を探す …… 104
斗々屋 京都本店

35 ここだけの、古きよきものを探しに行く …… 106
ユキ・パリス コレクション

36 11席のカウンター割烹で、地元の人と肩を並べる …… 108
蛸八

My Souvenir
京都のおみやげ …… 112

Place to calm down
心が穏やかになる神社とお寺 …… 124

Shop Index
掲載ショップ＆スポット索引 …… 140

Kyoto Area Guide
私の好きな散歩道

area 1 寺町 …… 110
area 2 一乗寺 …… 122
area 3 銀閣寺・浄土寺 …… 138

My Favorite Address

私のお気に入りの場所

旅の楽しみである飲食店はもちろん、
京都の食材を買うスーパーや、
センスのいいセレクトショップも。
京都でしたいことがかなう場所です。

1

№ 01

好きな作家の器で、京都の旬を味わう

2

3

3｜岡田さん愛用の荒木さんの器を見せてもらいました。わが家と同じものもあって、どんな料理が盛り付けられるのかな、と興味がわきます。4｜ぐじの唐揚げと菜っぱ鍋¥3300。水菜や九条葱を使った鍋は定番の一品。鴨やはまぐりなど、合わせる具材は季節のもので。5｜この日のおすすめが黒板にも書かれています。お品書きに値段は書かれていませんが、予算は1人¥18000ほど。おまかせコースは¥12000から。

4

5

素材を生かした料理に、繊細な盛り付け

祇園おかだ ［祇園］

京都市東山区祇園町南側570-6
☎ 075-551-3200
㊞ 17:00〜23:00
㊡ 日・祝・第3月

友達と京都に行ったときにたまたま入ったら、出てきた器が陶芸家・荒木義隆さんのもので、思いがけずうれしい出合いとなったのがこちらの割烹です。荒木さんの器は、もう30年以上も使い続けています。場所は京都らしい風情がある祇園の南側。暖簾をくぐった先にあるのは、清潔感のある白木のカウンターと店主・岡田孝二さんの穏やかな笑顔です。前菜から締めのにぎり寿司まで、100品以上の一品料理が書かれたお品書きには京都の旬の食材が並び、どれも気になるものばかり。ついつい迷ってしまいます。好きなものを好きなだけ頼める割烹は、自分で量の調整ができるのもいい。盛り付けも繊細で、私が大好きなことを知って、荒木さんの器を織り交ぜて出してくださる岡田さんの心配りがうれしいです。

1｜カウンターから調理する様子を見るのも楽しみ。2｜ふぐの白子フライ 九条葱あんかけ¥1980、菜の花と蒸し鮑¥2100、お造り盛り合わせ¥4180。

MAP-36

№ 02

大好きなミルクティーを淹れてもらう

1

2｜こくと甘みのバランスがいい、ドゥームニ茶園のアッサムをミルクティーに。3｜スコーンと好きな紅茶のケーキセット¥1330。4｜店内でかかっていたのは偶然にも私の大好きなミュージシャン、ブレッドの曲。『the best of bread』は、アメリカへの新婚旅行で玲児さんにプレゼントした思い出のもの。5｜紅茶はフランス流にコットンフィルターで淹れるそう。

4

2

3

5

わが家のような店内で、すっかり寛いで

通りすがりに素敵だな、と思った紅茶専門店。お休みだったので後日改めて行き、店内に入ってびっくり。私が大好きなレコードの曲が流れていたのです。古い町家を改装したという店内は、白い壁に紺と白の市松模様の床で、わが家にそっくり。ウェッジウッドやジノリのカップ&ソーサーでいただくミルクティーもおいしくて、すっかり寛いでしまいました。店主の浅井保幸さんが気に入ったものだけをそろえる茶葉の中から、私が選んだのはアッサム。紅茶の淹れ方が気になってそばで見ていたら、さすがのこだわりに感心してしまいました。お客さんに似合うカップを選んでくれるのもうれしいもてなしです。一緒にスコーンをいただきながら、穏やかな時間をすごすことができました。

ミスリム　［河原町丸太町］

京都市上京区河原町通丸太町下ル
伊勢屋町400
☎ 075-231-4688
㊖ 13:00〜19:00（LO 18:00）
㊡ 木・金

1｜ちらりと写っている床のタイル、ソファーの色合いも、まるでわが家のよう。大きな窓がある2階のテーブル席も人気だそうで、ついつい長居したくなります。

1

№03

暮らしが楽しくなる、器や道具を探す

2

3

4

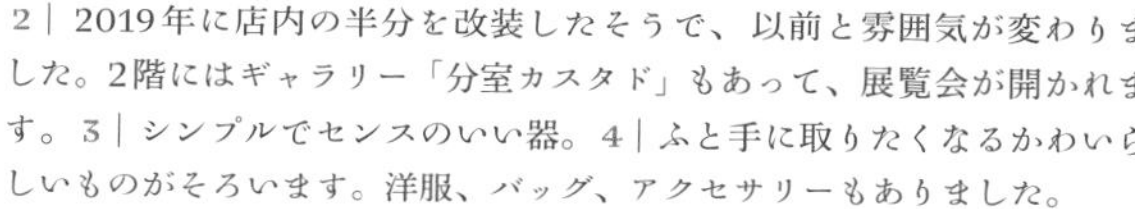

2｜2019年に店内の半分を改装したそうで、以前と雰囲気が変わりました。2階にはギャラリー「分室カスタド」もあって、展覧会が開かれます。3｜シンプルでセンスのいい器。4｜ふと手に取りたくなるかわいらしいものがそろいます。洋服、バッグ、アクセサリーもありました。

さりげないけれどセンスのいい器に目移り

「木と根」は現代作家の器を中心に、日用の道具を扱う店。井山三希子さんや岡田直人さんといった、東京ではなかなか手に入らない人気作家の器が見つかることもあって、京都に来たら立ち寄ります。以前から顔見知りの店主、林七緒美さんが選ぶ器は、盛り付けが映えるものが多く、仕事でも使うので、気に入ったら迷わず買ってしまいます。この日手に入れたのは、直火にかけられるので鍋としても使える、黒い深さのある角皿。形が面白くて、大好きな湯豆腐を入れたいと思いました。白い豆腐が黒に映えて、温かいまま食べられるのも気に入っています。残りものや冷めた料理をそのまま火にかけて温められるので、ひとりごはんにも便利。皆さんも、食事や料理が楽しくなるものを探してみてください。

木と根　［烏丸松原］

京都市下京区燈籠町598-1 1階
☎ 075-352-2428
㊮ 12:00～17:00
㊡ 日・月、他臨時休業あり

1｜井山三希子さん作の耐熱皿。店内には他にも現代作家の器、林さんが選んだ古物、台湾から取り寄せた茶道具などが入り交じって並びます。じっくり探して。

MAP-41

1

№04

ふわふわの麩饅頭を、おみやげに買って帰る

2｜あわ麩やよもぎ麩など料理に使う生麩も用意されています。田楽や煮物の他、いろいろな料理に使えますが、私はお餅のかわりに茶碗蒸しに入れるのが好き。生麩、百合根、白子の組み合わせがおすすめ。3｜緑が鮮やかな笹の葉に包まれた生麩万寿は小ぶりで食べやすい。持ち帰りのみ。

2

3

賞味期限はたった1日、できたてが絶品

京生麩 菊水　［下河原］

京都市東山区下河原通八坂鳥居前下ル
上弁天町427
☎ 075-525-3678
㊔ 10:00〜17:00
㊡ 日・祝・水（不定休）

1｜瑞々しい笹の葉をほどくと現れる、生麩万寿、笹巻麩・こしあん5個¥934。要冷蔵のため旅の最後に買って持ち帰ります。柚子味噌あんも5個¥934。

つるんとして、ふんわり。はじめて食べたときのおいしさは忘れられません。これまで食べたどんな麩饅頭とも違っていて、それ以来、私のお気に入りです。ごまなどの食材を料亭へ卸している「祇園むら田」の生麩専門店だからこそ、生麩や麩饅頭も上質な素材で作られています。生麩万寿と名付けられた麩饅頭は、青海苔を混ぜた生地の中になめらかなこしあんが。羽二重粉を使うことで、きめ細かな生地ができるそう。作り置きは一切せずに、賞味期限は1日だけという完全予約制。買うのが面倒と思うかもしれませんが、ここでしか手に入らない好物をわざわざ受け取りに行くのも、旅の楽しみのひとつだと思います。家族や親しい人への手みやげにぜひ。辛党の方には柚子味噌あんという選択肢もあります。

MAP-37

岡崎を流れる琵琶湖疏水。桜の季節には
船に乗って、歩くのとはまた違う視線で
川面からの景色を楽しむことができます。

川に囲まれ、名水の地でもある京都。お寺や神社では手を清め、豆腐や和菓子、京料理など、清らかな水があるからこそ育まれてきた食の文化があります。

南禅寺のすぐ近く、なにげない小道をあてどなく散策するのも楽しい。京都は美しく手入れされた緑に囲まれていて気持ちよく、どこまでも歩いてしまいます。

№ 05

地元の人が通ううどん屋さんで、お昼を食べる

1

2｜すし大皿￥600、すし中皿￥550、いなりずし￥450。揚げやかんぴょうも、うどんと同じ一番出汁で炊くそう。いなりずしの酢飯にはごま、しいたけ、卵、きゅうり、じゃこが混ぜられていました。3｜店主の天良絹代さんがご主人亡き後、お姉さんと娘さんと店を切り盛りしています。

京の味にほっとする、出汁と揚げと九条葱

京都に来ると、お昼はおいしい出汁を味わえるうどんを選ぶことが多いです。行列ができる人気店もいいけれど、私が行きたいのは昔から地元で愛されてきた素朴なお店。ここは京都駅からも徒歩圏内で、おなかがすいたときのお昼ごはんや、新幹線に乗る前のギリギリにかけ込んでぱっと食べたり、便利なんです。たっぷりの鰹節と昆布で、朝4時半から時間をかけて取るという出汁がおいしい。名物はたぬきうどん。きざんだ油揚げと九条葱がのったきつねうどんを、あんかけにしてしょうがをのせるのが、京都のたぬきうどんだそう。熱々のうどんを冬はもちろん、暑い夏に食べるのが好きなんです。ガラスケースに並んだいなりずしや巻きずしもほっとする味だから忘れないでくださいね。

殿田　［九条］

京都市南区東九条上殿田町15
☎ 075-681-1032
㊤ 10:30 ～17:00
㊡ 水

1｜惜しげもなくたっぷりのせられた、九条葱としょうがの量ったらありません。たぬきうどん￥700だけで食べごたえは充分。看板メニューというのも納得です。

MAP-43

1

№ 06

二軒目は立ち飲みの角打ちで、餃子をつまむ

2｜小ぶりで軽やかな「夷川餃子なかじま」の餃子に、日本酒も進みます。お酒にぴったりのスナックは味見してみたくなるものばかりで、おみやげにも買いました。3｜日本酒は自分の好みを伝えておすすめしてもらっても、冷蔵庫に並ぶボトルを見て自分で選んでも。日本酒の他に、ビールなども用意されています。4｜ほろ酔いでいい気分。また伺います！

3

2

4

日本酒が500円からそろう、気軽な酒場

酒屋の一角に立ち飲みスペースが設けられた角打ち。老舗から新しいお店まで、京都には街のあちこちに角打ちがあって、賑わう声が外まで聞こえてくることもしばしば。なんだろうと気になっていたのです。二条城近くの「SAKE CUBE（サケキューブ）」も、100年近く続く老舗を改装した一軒。店主の高井大輔さんが日本酒の魅力を知ってほしいと、京都の酒蔵を中心に選んでいます。そのときに用意された日本酒がグラス1杯500円から楽しめる気軽な酒場で、おつまみはお店にあるスナックや乾きものと、近所にある「夷川餃子なかじま」に餃子を頼んで出前してもらいました。大テーブルを囲んで飲んでいると、隣や向かいの人と会話がはじまることもあって、とても新鮮でした。

SAKE CUBE ［二条西洞院］

京都市中京区二条通西洞院西入ル
西大黒町343
☎ 075-231-4055
㊔ 11:00〜21:00
㊡ 日・祝

1｜見てください、この顔。楽しんでいるのが伝わりますか？ 外からこんな様子が見えたら、気になりますよね。家の近所にこんな場所があったら通いそう。

1

2

№ 07

信頼できる老舗で、普段使いの文房具を買う

3 4

5

3｜いつも筆で手紙を書いていた母に、便箋や封筒をよくおみやげで買っていました。4｜蔵に眠っていた図案をアレンジして便箋や封筒に仕立てているそう。来るたびに新たな柄があるのも新鮮です。便箋10枚￥330、封筒3枚￥165。5｜お香立てをたくさん持っているので、たまには家でお香を焚いてみようかなと買いました。ジャスミンと白檀の香りのあづさ￥880。

数寄屋を思わせる空間で日本の美意識を知る

2021年に新しいお店がオープンし、寺町通に向かい合う2軒の店舗になった「京都鳩居堂」。お香の香りが漂う中、筆や墨、はがきなどが並ぶ空間は、日本人にとって大切にしたい場所のひとつ。京都に来たら一度は行きたいと思っています。今回買ったのは「レターバイキング」で自由に選んだ便箋と封筒、お香です。便箋は悩みましたが、結局大好きな真っ白を選びました。罫線がないと書くうちに曲がってしまうので、ごく控えめに線が入った横書きのものを。この「レターバイキング」、便箋だけでも40種類もそろっていて、好みのものを選べるのがとっても楽しいと思いました。私の実家は印刷所を営んでいたので、子どもの頃は好きな紙を選んでノートを作ってもらっていたんですよ。

京都鳩居堂　［寺町姉小路］

京都市中京区寺町姉小路上ル
下本能寺前町520
☎ 075-231-0510
㊙ 10:00～18:00（東側店舗～17:45）
㊡ 1月1～3日、他臨時休業あり

1｜東側店舗の「レターバイキング」は便箋を10枚、封筒を3枚選べます。私はすべて同じ柄にしたけれど、全部違う柄にしてもいいんですって。2｜和紙で作られた文箱ははがきにぴったりのサイズ。

№08

路地奥の人気店で、京都の中華の奥深さを知る

1

2

3

4

2｜カウンターと、テーブルが2卓あります。カウンターに並ぶクラフトジンが、中華料理と相性のいいことも発見でした。3｜骨つき鶏を熱湯で茹でてから蒸し上げることで、ふっくら張りのある皮に仕上がる蒸し鶏¥1980。4｜干し貝柱の中国粥¥660。お米をピータンと一緒に水に浸し、炊き込んだもの。食感を添えるのは春巻きの皮とレタス。

気楽な雰囲気で、ホテル仕込みの上質な中華を

路地奥に浮かび上がる灯(あかり)が目印。予約の難しい人気店と聞いて、おなかをすかせて行った小さな中華料理店です。店主の田中晋平さんは大阪の名門ホテルで腕を振るっていた経歴の持ち主。手間ひまかけて丁寧に仕上げられた料理は、どれも上品でいて奥深い味わいです。どことなく香ばしい中国粥は、ピータンを一緒に炊き込んでいるそう。餃子や蒸し鶏などどこにでもある料理こそ、隠し味はなんだろう、どんな調理方法なのかなと気になるものばかり。看板に書かれた本日のおすすめもどれもおいしそうで、つい注文してしまいます。とりわけ気に入ったのは、とろとろの食感の腸粉。一緒にお店に立っている奥さまもお酒好きだそうで、紹興酒やワインに合う味付けが私好みでした。

イーパンツァイ タナカ ［元田中］

京都市左京区田中里ノ内町26
☎ 050-1808-9495（予約専用）
㊰ 14:00〜LO 15:30、
17:00〜21:00（LO 20:00）
㊡ 水・木昼、他不定休

1｜腸粉¥660は昼限定。米粉で作ったつるつるもちもちの皮で、揚げ湯葉と蒸し海老を包んでいます。上から甘醤油とねぎソース、米油をかけて仕上げた一品。

1

No 09

ランチコースで軽めにお肉とワインを楽しむ

2｜「湿度90％、0℃の熟成庫で水分だけを抜いて熟成させていきます」と岡さん。肉へのこだわりを感じます。10種類ほどの熟成肉を用意して、そのときに最良のものを提供するそう。3｜お店の定番、ミートボールとボロネーゼもおいしかった！ 4｜町家を改装したカウンター席。奥に見える坪庭にも京都らしさが。

3

2

4

熟成肉を和洋取り混ぜた料理で味わう割烹

京都の人は牛肉好きで、名物や名店が多いそうです。祇園にある「肉料理おか」は、店主の岡義隆さんが惚れ込んだ、滋賀の精肉店「サカエヤ」の熟成肉を主役にした肉割烹。岡さんが追求するのは、うまみと香りを際立たせた肉のおいしさだそう。放牧牛、経産牛など、熟成庫で1ヵ月以上かけて熟成させた肉を、炭火焼きや和洋を取り混ぜたコースで味わえます。なによりも驚いたのは牛肉の昆布締め。上品な肉のうまみが印象に残りました。ジビーフと呼ばれる完全放牧野生牛を使ったボロネーゼ、炭火焼きの熟成肉食べ比べなど、控えめな量のランチコースが、私のおなかにはぴったり。ソムリエの奥さまがおいしいワインをすすめてくれたので、つい昼間から飲みすぎてしまいました。

祇園 肉料理おか ［祇園］

京都市東山区祇園町南側577-3
☎ 075-746-3465
㈼ 12:00～14:00
18:00～23:00
㊡ 不定休

1｜熟成肉の食べ比べステーキ。この日はドライエイジングさせた近江牛のハンバーグと、ゴーバルポークの炭火焼き。料理はすべて、ランチコース¥8800より。

1

№ 10

洋服や雑貨を買いに、なじみの店をのぞく

2

3｜2023年にリニューアル。ビル全体に「ケイオカイライ」の名前を残しつつ、1階は北欧ヴィンテージの器や道具、生活に欠かせないスキンケア用品と女性向けの古着を扱う「パディット」という店に。4｜アムステルダムのシューズブランド、YUME YUMEのスリッポンは室内履きとして購入。5｜白を基調にした店内はディスプレイも素敵。

デザインにこだわったセレクトショップ

ケイオカイライ ［一乗寺］

京都市左京区一乗寺高槻町28-2
☎050-7121-2850
㊒13:00〜18:00
㊡水、月1回不定休

小さなエリアにお店が集まる京都では、仕事の合間にさっと買い物をすることがよくあります。一乗寺の散策中に訪ねたこちらは、デザインにこだわったライフスタイルショップ。フィンランドのヴィンテージ、国内外の日用品やキッチン用品、そしてヨーロッパの古着と、店主の宮脇啓さん、美和さん夫妻の興味のあるものが並びます。行くとなにかしら好きなものが見つかるのですが、今回はフィンランドのホーローのボウルと、スタジオニコルソンのデニムスカートを。見た目が気に入ったのはもちろん、しっくりなじむ感じもいい。選び抜かれたものから伝わる、お二人のセンスが気に入っています。入り口の床に貼られたモザイクタイルは元は大工さんだった啓さんの作品。タイル好きとしては見逃せません。

1｜フィンランドの普遍的なデザインは店主夫妻がずっと大切にし続けているもの。ヴィンテージはお店の定番。2｜まるでオーダーしたかのようにぴったり！

Budweiser
Asahi
サヒビール
酒粕
キリンビール
不老泉

河原町丸太町の酒屋、「國田屋酒店」の
店頭にお酒が飲める小さな角打ちスペー
スがあるのを発見。ちょっと濃いめに作
ってもらったハイボールを飲んで、休憩。

1

№ 11

錦市場の隠れ家で、菜食ごはんを食べる

2｜ランチは湯葉のあんかけ丼のほか、薬膳スープの日もあります。なつめや白木耳、クコの実などが入ったこのスープも、体を芯から温めて整えてくれそう。3｜昼のみの営業ですが、お酒も充実しています。4｜元は近藤さんのお祖母さまが暮らしていた町家だそう。奥には中庭もあって、落ち着く雰囲気です。

3

4

丼におかず、野菜たっぷりの定食が人気

食いしん坊のカメラマンさんに教えてもらい、昼ごはんを食べに錦市場へ。看板がとても小さくて、何度か確かめてから細い通路の奥に進むと、町家を改装したお店がありました。席に着いたら、まずはビールで喉を潤して。お昼に飲むお酒はよりおいしく感じます。運ばれてきたのは湯葉のあんかけ丼のランチセットです。出汁がきいたやさしい味のあん、それに湯葉がたっぷり。自家製の揚げたてひろうす、じゃがいもの山椒味噌和え、干し大根の炊いたんなど、京都で作られた野菜をふんだんに使ったおかずも盛りだくさん。どれも手間をかけていると一目でわかります。料理の味はもちろん、店主の近藤千晴さんやスタッフの方が明るく親切で、食べ終わる頃には仲良くなりました。またお会いしましょうね。

菜食 hale ～晴～　［錦市場］

京都市中京区錦小路通麩屋町
西入ル東魚屋町198-1
☎ 075-231-2516
㊖ 12:00～14:30
㊡ 月・火・水、他不定休

1｜湯葉のあんかけ丼のランチセット¥1980。おばんざいの内容は替わります。キャロットラペに使われていた自家製マスタード（P.119）はおみやげに購入。

1

№ 12

晩ごはんの前に、なじみのバーに飲みに行く

2

3

4

5

3｜右はジンに実山椒を漬け込んで風味が移った後、実を取り除いたもの。左はたっぷりの花山椒と木の芽が入ったままのジン。木の芽のほうは花山椒も入れることが大切、と店主の上田太一郎さんが教えてくれました。2つを飲み比べてみたくなります。4｜手書きのメニューも趣があって空間によく合います。5｜奥には小部屋のテーブル席があります。早い時間に訪ねて、庭の緑を眺めながらすごすのも気持ちがよさそう。

山椒好きの私が真似したくなる一杯

京都が好きな友達と来たときに、「よく行くんだよ」と連れてきてもらったのがこちら。土壁のシンプルな空間で、アンティークのグラスでお酒が飲める素敵なバーです。東京でも食事の前や後にバーに行きますが、ここはお昼の2時から営業していることもあって、旅に来てふらっと寄るのにちょうどいい。京都に住んでいたら通ってしまうだろうな、と思います。気に入っているのは山椒を使ったジントニック。少しスパイシーな実山椒を漬け込んだものと、華やかな香りの花山椒と木の芽を漬け込んだものの2種類があって、ほんのりした甘さがなんともいい感じ。実はうちでも早速真似したんですよ。お気に入りの場所は自分の目で確かめて味わって見つけたいと、思わせてくれるバーです。

うえと ［東山］

京都市東山区三条白川橋西入ル南側
今小路町91-1
☎ 075-751-5117
㊔ 水～土 14:00～LO 23:00
日・月 14:00～LO 22:00
㊡ 火　※月曜夜は予約制

1｜壁に飾られているのは陶芸家・辻村史朗さんのガラス絵。空間を彩る絵や花がいつも素敵です。2｜花山椒と木の芽のジントニック¥1320。どんなグラスが使われるかも楽しみのひとつです。

寒い冬、上賀茂神社の手水に浮かんでいた小さな橘のかわいらしいこと。季節を大事にする京都の人の心遣いを感じます。

かごでできた茶箱や辻村史朗さん作の器など、美しいディスプレイに惹かれて入ったのは、祇園の手みやげ専門店「白」。

1

№ 13

おみやげにぴったりな品のあるお菓子を探す

2

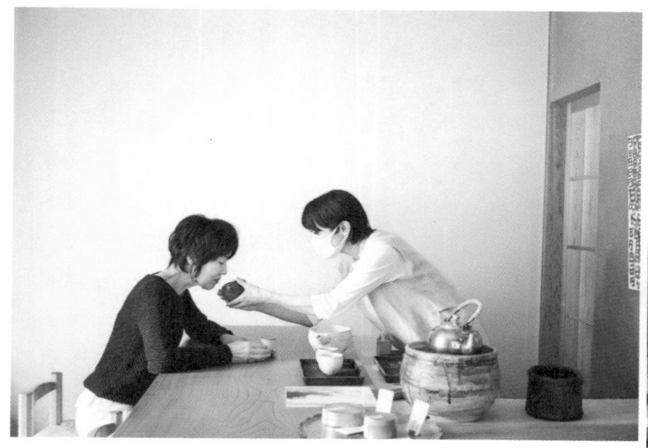

3

4

2｜購入した商品が用意される間に、中国茶がふるまわれるのも素敵なもてなし。この日は四川省の蒙頂甘露というお茶をいただきました。3｜特別に辻村史朗さんの器が販売されていました。ワインカップだと聞いて、つい購入。4｜日本の美を感じさせる上品なパッケージも素敵です。

上質なしつらえにも心和むひととき

チョコレートを纏わせた干しトマト、和三盆糖と粉山椒をかけた揚げ昆布、季節の果物で作るゼリーなどのお菓子や、へしこや利休麩を使ったむしやしない(軽食)。そんな組み合わせがあったの？ と驚かされる、気のきいた手みやげがそろう専門店です。扉を開けると少し暗くて、中に入るとぱっと明るい店内は、まるで京町家のよう。東京にはない洗練された空間で落ち着きます。わが家にもこんな部屋があったらと、また改装したくなってしまったほど。ディスプレイされているものや、手入れされた植物なども美しくて、あちこち見とれてしまいました。会計を待つ間にいただいたお茶もおいしくて、ほっと一息。ここに並ぶものは、どれを贈っても喜ばれ、自分がいただいてもうれしいものばかりです。

白(はく) ［祇園］

京都市東山区祇園町南側570-210
☎ 075-532-0910
営 11:00～18:00
休 月・第2火
※月曜日が祝日の場合は営業。
翌火曜日に振り替え休業

1｜しっとりやわらかく干したトマトと、チョコレートの組み合わせが見た目にもかわいらしい、ほんのり塩をきかせた真朱8個入り ¥1700。お茶請けにも。

№ 14

限定のほうじ茶を求めて、老舗に行く

1

2｜茶壺が飾られたショーウィンドウ。3｜手炒り焙煎焙じ茶 ¥1728。定番は京風味 かりがねほうじ茶 香悦と、かりがねほうじ茶 金の2種類です。「ジェイアール京都伊勢丹」では、限定色のほうじ茶缶も販売されていると教えてもらいました。京都好きの方へのおみやげによさそうです。

2

3

柳桜園茶舗

［御所南］

京都市中京区二条通御幸町
西入ル丁字屋町690
☎ 075-231-3693
㊒ 9:00〜18:00
㊡ 日

1｜いろいろな種類がある抹茶は店の奥の石臼でひかれ、注文ごとに詰めて販売されます。ひきたてが贅沢。鳥獣戯画の缶も素敵ですが、抹茶の包装も美しい。

茶道三千家御用達の抹茶やほうじ茶がそろう

仕事の合間にも食事時にも、お茶は私の暮らしに欠かせません。ほうじ茶はほっとひと息つきたいときによく飲むので、旅先で見つけるとつい買ってしまいます。明治8年に創業した「柳桜園茶舗」は茶道三千家御用達の抹茶を扱うことで知られる老舗。二条通にある店を訪ねると、昔ながらの座売りのスタイルで、まずは喉を潤してと一杯のお茶が出されます。そのもてなしのうれしいこと。煎茶の茎だけを使った、かりがねと呼ばれるほうじ茶も有名。浅めに焙煎されているので、味わいも強すぎず上品な香りです。友達に聞いていた、土曜日しか買えない手炒り焙煎焙じ茶は限定品で、鳥獣戯画が描かれた缶のデザインもおしゃれ。自分にも、人に差し上げるのにもいいおみやげを見つけました。

№ 15

小さな本屋で、旅のおともの本を探す

1

2

3

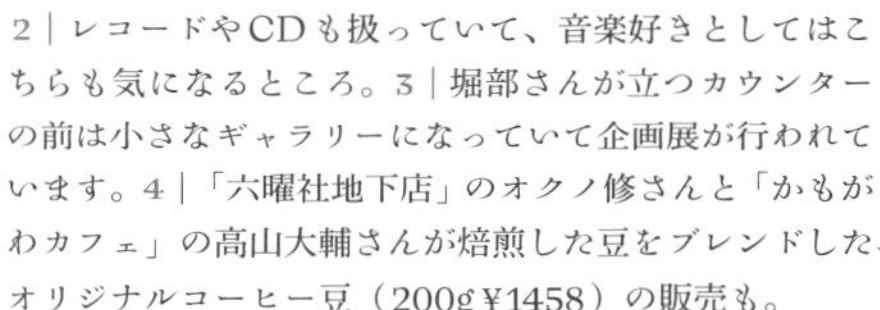

2｜レコードやCDも扱っていて、音楽好きとしてはこちらも気になるところ。3｜堀部さんが立つカウンターの前は小さなギャラリーになっていて企画展が行われています。4｜「六曜社地下店」のオクノ修さんと「かもがわカフェ」の高山大輔さんが焙煎した豆をブレンドした、オリジナルコーヒー豆（200g¥1458）の販売も。

4

個性ある棚には、読みたくなる本がぎっしり

雑誌『栗原はるみ』には、私が読んだ本を紹介するコラムがあります。そのコラムのおかげで、意識して本を手に取るようになりました。こちらは名物店主・堀部篤史さんが営む本屋さん。新刊本に古書、雑誌、そして出版社の「誠光社」として発行した書籍まで、東京の書店では見かけないような本も多くあります。こぢんまりとした空間に所狭しと並ぶ本は、どれも心に強く響く力を持っていると感じました。私もパッとタイトルが目に飛び込んできた3冊の本を購入。特等席のようなカウンターに座れば、コーヒーを注文することもできます。淹れたてのコーヒーを飲みながら、堀部さんに本を紹介してもらうのも楽しそうです。普段本屋でゆっくりすごす時間もないので、貴重なひとときになりました。

誠光社　［御所東］

京都市上京区中町通丸太町上ル
俵屋町437
☎ 075-708-8340
㊒ 10:00〜20:00
㊡ 無休

1｜私が買ったのは『韓国 美・味案内』『ぼくの伯父さん』『74歳の日記』の3冊です。気になる本がたくさんで、いくら時間があっても足りないほどでした。

№ 16

ここでしか食べられない、できたての粟餅を味わう

1

2｜楊枝を入れたらやわらかくて思わず笑顔になりました。甘いもの好きの玲児さんがいなくなって、わが家におやつがないこともしばしばですが、やっぱり甘いものっていいですね。3｜持ち帰り用の包装も素敵。4｜きな粉を2個とこしあんを1個に変更もできると教えてもらいました。

4

2

3

いつだってやわらかさに驚く素朴な門前餅

北野天満宮の門前で江戸時代から続く粟餅屋さん。注文すると目の前で手早くちぎって丸めて、こしあんで包んだものと、きな粉をまぶしたもの、2つの味の粟餅がお皿にのって運ばれてきます。作り置きはせずに注文ごとに作るのは、餅がかたくなってしまうからだそう。店を切り盛りするのは13代目のご主人と奥さま、14代目の息子さんだと話を伺っていたら、自転車に乗ってやって来たのは99歳だという12代目の森藤與八郎さん。3年前までは現役だったそうで、私も頑張ろう、と思いました。元気の秘訣はよく食べて笑うことですって。和やかな雰囲気の中でいただいた粟餅は、品のいい甘さでふわりとやわらか。持ち帰り用もありますが、やはりできたては格別。ここでしか食べられない味が贅沢です。

粟餅所・澤屋　［北野］

京都市上京区北野天満宮前西入ル
紙屋川町838-7
☎ 075-461-4517
㊋9:00～17:00（売り切れ次第終了）
㊡水・木、毎月26日

1｜こしあん2個ときな粉1個、計3個の紅梅￥600。計5個の白梅￥750も。湯飲みの“あわもち”の文字もかわいらしい。夏は粟餅が入ったかき氷も登場するそう。

1

№ 17

京都駅近くの鉄板焼きで、旅を締めくくる

2

3

4

3｜すじ、てっちゃん、軟骨を叩いたウルテの入った、ホルモンミックス¥2890。ソースは地元のソースメーカーに別注したものを使用。4｜大阪の混ぜ焼きタイプのお好み焼きから一品料理までずらり。オムレツ風に仕上げるとん平焼きなど、オリジナルのメニューもあります。

種類豊富な鉄板焼きを、ビールとともに

粉ものにも、べた焼きという京都ならではの味があるそうです。鉄板にクレープ状に生地を薄く流して、キャベツやねぎ、ホルモンなどの具材をのせて焼き上げる、広島風のようなお好み焼きのこと。30年ほど前から地元で愛され続ける「あらた」の名物、あらたお好みも、このべた焼きをアレンジしたメニューです。コリコリしたあごと呼ばれる牛のあご肉と九条葱がたっぷりのって、中には中華麺が。甘さを控えた辛めのソースが香ばしく、食べる部分によって食感が違うのもいい。スタッフのきびきびと働く姿が見ていて気持ちよく、また新しい京都の味に出合いました。場所は京都駅の南側、駅まで歩いて10分弱の距離。新幹線に乗る前にビールと一緒に鉄板焼き、なんていうのも楽しいですよ。

あらた ［九条］

京都市南区西九条院町24-4
☎075-661-5444
㊇17:00～23:00
㊡日

1｜あらたお好み¥1628。中華麺はうどんに替えることもできます。2｜店主は2代目の山本純司さん。手際よく焼き上げられていく様子から、目が離せません。

MAP-42

5月の気持ちよく晴れた日、「WIFE＆HUSBAND」のピクニックセットを片手にやってきた賀茂川の河川敷には、一面のシロツメクサが。川の向こうには五山送り火で知られる大文字山が見えました。コーヒーをのんびり外で飲むのは、日常から離れた旅先だからできることです。

№ 18

コーヒーを飲みながら、河辺でピクニック

1

2｜かつてはおでん屋さんだったという空間がとてもおしゃれ。3｜古道具に彩られた店内。京都駅近くの七条堀川には焙煎所「ROASTERY DAUGHTER」とアンティークショップ「GALLERY SON」があって、古道具を手に入れることができます。4｜暑かったこの日はアイスコーヒーに。ピクニックバスケット1人分¥1400／90分（アイスコーヒー+¥100）。

3

2

4

古道具に囲まれたコーヒー専門店

散歩したり走ったり、楽器の練習をしている人もいる。そんな風景を目にすると、鴨川やその上流の賀茂川は、京都の人の暮らしに溶け込んだ場所だと感じます。地元の人のように河辺ですごす時間を提案してくれるカフェが「WIFE＆HUSBAND（ワイフ＆ハズバンド）」。魔法瓶に入った自家焙煎の淹れたてコーヒー、グラスやカップ、小さなお菓子をかごに入れたピクニックセットが用意されていて、かわいらしい椅子やテーブル、それに麦わら帽子も貸し出しています。かごを手に、歩いて2〜3分の距離にある河川敷へ向かい、場所を決めたらテーブルをセッティング。座って眺める風景が美しく、のんびり流れる時間の心地よいこと。香りのいいコーヒーとともに京都に住む人の気持ちがわかる気がしました。

WIFE＆HUSBAND ［北大路］

京都市北区小山下内河原町106-6
☎075-201-7324
㊂10:00〜17:00
（LO／ピクニック15:00、カフェ16:30）
㊡不定休

1｜麦わら帽子をかぶるなんて何年ぶりでしょうか。表に並ぶ椅子やテーブルはすべて古道具。店主の吉田恭一さんがこだわりをもって集めたものばかりです。

1

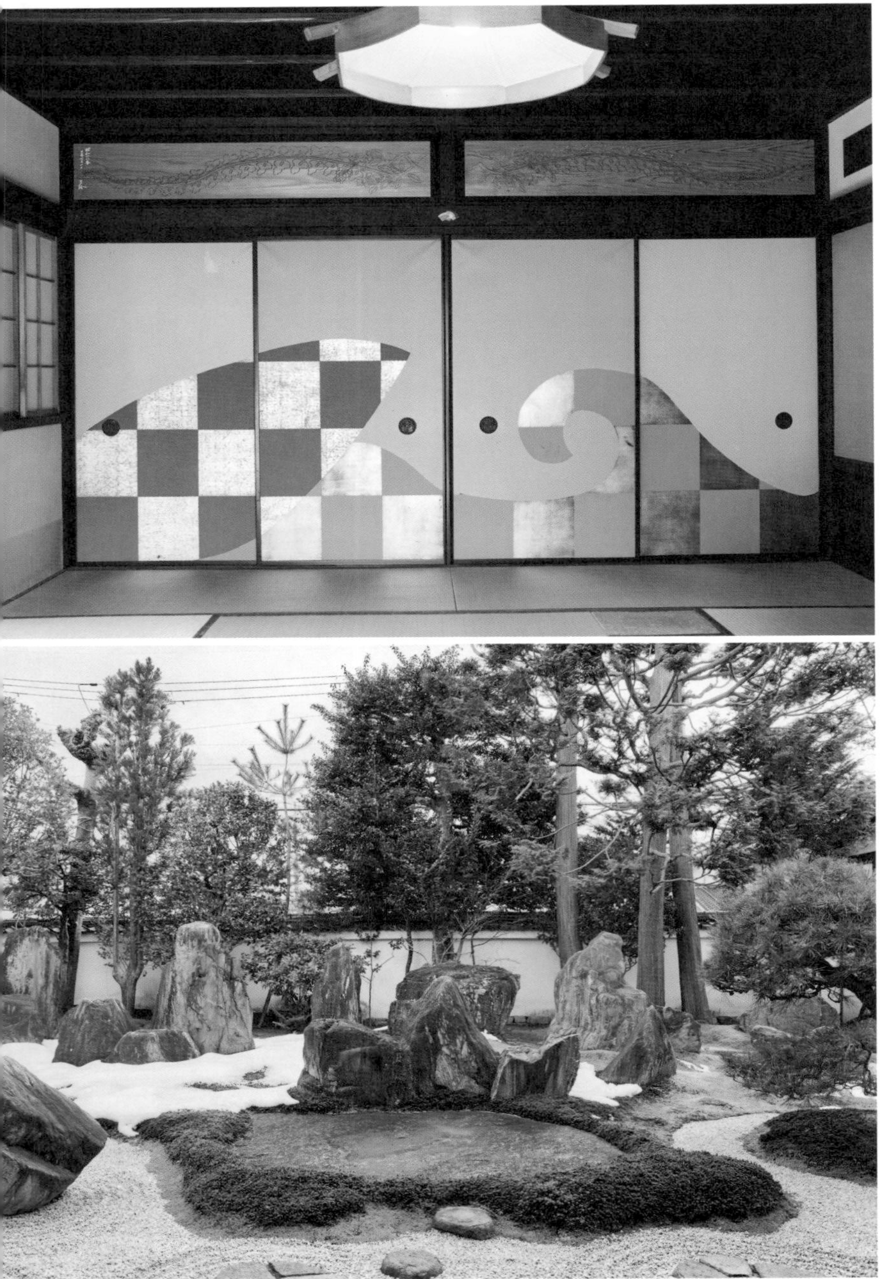

2

№ 19

重森三玲が暮らした家の、石庭を見学する

3

3｜かつては吉田神社の神官が暮らしていたという建物が大切に受け継がれています。つい忘れてしまいがちな、家を大切にするため静かに歩く、などの心構えを思い出しました。4｜お餅をつくうさぎが描かれた照明。建物の周りを囲む敷石が海岸線を表すなど、あちこちに潜んでいる意匠も見逃さずに。5｜京都に残る三玲の作品をもっと見たくなりました。

4

5

モダンな庭園で自然の美に触れる時間

京都へ行くたびに、ひとつずつ拝観するようになったお寺や神社。そこで私が惹かれたのは大徳寺 瑞峯院の枯山水庭園や東福寺の本坊庭園などの石庭。縁側に座って眺めているだけで気持ちが落ち着き、解放されるような気がします。このどこかモダンさをも感じる庭園の造り手こそ、昭和に活躍した作庭家・重森三玲だと知りました。吉田神社のすぐそばにあるのが、かつて三玲が暮らした旧宅の一部を公開した美術館。江戸時代に建てられたままの姿が残る書院や、市松模様の襖が印象的な茶室、枯山水などを、三玲のお孫さんで館長の重森三明さんの説明を聞きながら見学します。印象的だったのは、海に浮かぶ島々を岩と石で表した庭園。訪ねた日は降り積もった雪が残っていて、美しい佇まいでした。

重森三玲庭園美術館　［吉田］

京都市左京区吉田上大路町34
☎ 075-761-8776
㊖ 予約制（詳細はHPを確認）
㊡ 月・木不定休
※メールにて予約。
shima753@hotmail.com
※庭園、書院・茶室内部を外から見学（￥1000）

1｜「好刻庵（こうこくあん）」と名付けられた茶室は、三玲の設計で建てられたもの。市松模様で波を描いた襖のデザインも手がけたそう。
2｜阿波の青石が多く使われた庭。

1

№20

花街の中華を、お座敷で味わう

2

3

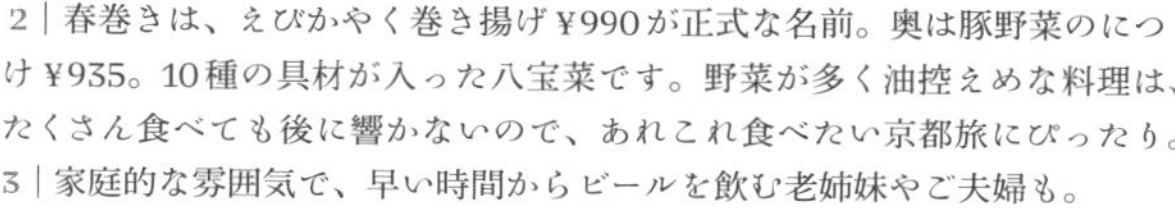

2｜春巻きは、えびかやく巻き揚げ¥990が正式な名前。奥は豚野菜のにつけ¥935。10種の具材が入った八宝菜です。野菜が多く油控えめな料理は、たくさん食べても後に響かないので、あれこれ食べたい京都旅にぴったり。
3｜家庭的な雰囲気で、早い時間からビールを飲む老姉妹やご夫婦も。

やさしい味わいが後を引く品のある中華

食べるのも作るのも大好きな中華ですが、いつか行ってみたいと思っていたのが京都の中華。強い香辛料を使わず油も控えて上品、という独特の味です。祇園で愛されてきた「竹香」は、芸舞妓さんがお座敷の前に食べてもいいように、ひときわやさしい味に仕上げられています。昭和41年にお店を開いた当時は、にんにくはもちろんのこと、しょうがや玉ねぎも使わなかったそう。つやつやの甘酢あんがかかった酢豚は、豚肉とカリフラワーとパイナップルだけというシンプルな具材。具だくさんの春巻きは、クレープ状の生地を皮にしたもの。はじめて食べましたが、間違いなく中華料理だと思えるのがすごいところです。女性がひと口で食べられるようになっていて、その気遣いも京都らしいな、と思いました。

広東御料理 竹香　［祇園］

京都市東山区新橋通花見小路西入ル
橋本町390
☎ 075-561-1209
㊡ 17:00～21:00（LO 20:20）
㊡ 火

1｜すぶた¥1100。甘酢に使われているお酢は、京都のお酢屋さんと一緒にこだわって作り上げた米酢を使っているそう。まろやかな味です。

MAP-34

1

2

№ 21

地元で愛されるスーパーで、じっくり買い物をする

3｜山椒好きとしてはちりめん山椒はどれも気になります。4｜閉店してしまった錦市場の「井上佃煮店」の惣菜などが、ここで買えるように。5｜調味料やスパイスがたくさん並ぶコーナー。マスタードや洋風の七味など、地元で人気のものから手に入りにくいものまでありました。

3

4

5

オリジナルやコラボ商品も充実

住宅街の下鴨にあって、けっして広くはないのに気になる商品がぎっしり。あれもこれもと手に取るうちに、かごはいっぱい。湯葉や油揚げ、生麩など、京都に来たら買って帰りたい食材がそろっていること、オリジナルのものも含めて、地元のお店で作られている調味料が充実しているなど、惹かれる理由はいろいろありますが、なによりも商品に付けられた丁寧な説明が素晴らしい。聞けば商品の仕入れを担当するのは、売り場に立つスタッフの皆さん。お手製のポップも自分の言葉で商品の魅力を伝えるように心掛けているそうです。閉店してしまった錦市場の老舗の惣菜を復活させたり、人気の薪窯パンを曜日限定で入荷したり。気になるイベントもあって、家の近くにあったら楽しいだろうなと思います。

フレンドフーズ　［下鴨］

京都市左京区下鴨北園町10-6
☎075-722-0451
㊔10:00～21:00
㊡1月1～3日

1｜店頭には上賀茂の農家から仕入れる野菜が並ぶこともあって、すみずみまで見逃せません。2｜ちりめん山椒はもちろん、キムチも京都のものを選びました。

素敵な景色を見つけると、インスタグラムを通して皆さんにもお見せしたくなって、すかさずスマホを取り出して撮影。京都はなにげない景色が絵になります。

鴨川の飛び石を渡る様子が楽しそう。鴨川を見ると、京都に来たなと実感します。京都の人にとってもこの川は、暮らしの中にあるとても身近な存在だそうです。

祇園の南側、「白」があるあたりには美術館やミュージアムショップ、カフェなど、のぞきたくなるおしゃれなお店が集まっています。風情ある石畳も素敵です。

№ 22

京町家の喫茶店で、ひと休みする

1

2｜店内で焼いているという2種類の食パンは買って帰ることもできるそう。3｜坪庭には大きな岩が置かれて、そこに植物や苔が生えています。眺めているだけでも気持ちのいい空間です。4｜京町家は鰻の寝床というけれど、本当に奥までずっと続いた広い店内です。5｜買ったコーヒー豆をおいしく保つためのオリジナル保存缶の他、グッズも販売しています。

4

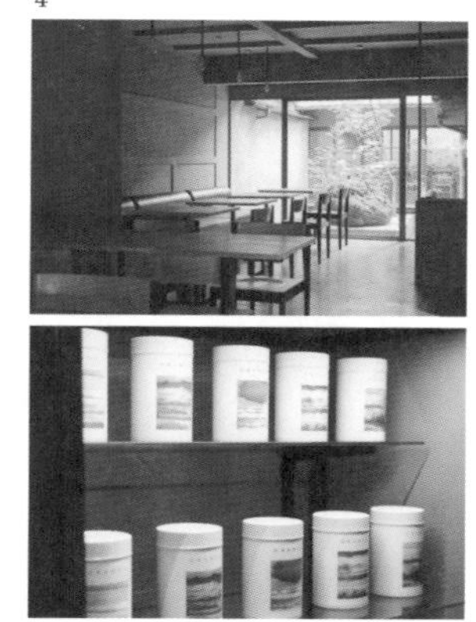

5

2

3

小川珈琲 堺町錦店　［堺町錦］

京都市中京区堺町通錦小路上ル
菊屋町 519-1
☎ 075-748-1699
㊔ 7:00～20:00（LO 19:30）
㊡ 無休

1｜モーニングセットの炭焼きトースト糀バター¥780（カフェラテ＋¥100）。他にもカレーなどのランチ、サンドイッチ、フレンチトースト、デザートなどが。

モダンな喫茶店でこだわりのコーヒーを

自分の足で歩いて回ることで、場所も方向もわかるようになってきた京都の街。疲れたときに入りたくなる喫茶店がたくさんあって、ついついひと休みしたくなります。ここは建てられてから100年以上経っている、立派な京町家を改装した喫茶店。モダンな空間の中にある坪庭の緑にも京都らしさを感じます。老舗のロースター「小川珈琲」の最新店で、メニューを見るとコーヒー豆はオーガニックやフェアトレードのもの。炭火で香ばしく焼いたトーストは、京都産小麦を使って店内の工房で焼き上げた自家製食パン。バターは「佐々木酒造」の米糀を使った糀バターといったように、素材にもしっかりこだわりを感じます。私はミルクたっぷりのカフェラテをいただきました。

1

№ 23

江戸時代から続く老舗で、お香を選ぶ

2

2｜二条城 梅だより¥1100は、店から歩いて10分ほどの距離にある元離宮 二条城の梅園の梅の実をすりつぶして、天然白檀に混ぜた印香。ほんのり梅が香ります。右手前が灯籠形の江ノ島香。3｜次々と香りを試させてくれた林さん。やりとりを重ねることで、納得のいく香りが選べました。4｜白檀や沈香など香木そのものの販売も。5｜香炉もさまざまな種類が。

3

4

5

かわいらしいパッケージはおみやげにも

いかにも老舗らしい趣のある構えの店は、江戸末期から変わらず香や香木を扱う専門店。ここまで足を運びたいと思う理由のひとつに、パッケージのかわいらしさがあります。戦前から変わらず使われているという箱に、灯籠形の江ノ島香には象、山形の京の花には花々と香炉などが描かれていて、この絵柄が何年経った今でも新鮮。すみれやバラ、ゆりなどの香水線香は、香りが主張しすぎることがなく穏やかです。天然の白檀をベースにアロマオイルを使っているため、やさしく香って初心者にもおすすめ、と店主の林慶治郎さんが教えてくれました。昔ながらの座売りを思わせる店内で、椅子に座って香りを試させてもらいながら商品を選ぶ。買い物をする時間が特別な体験になる、そんなひとときです。

香老舗 林龍昇堂 ［三条堀川］

京都市中京区三条通堀川東入ル
橋東詰町15
☎ 075-221-2874
㊖ 月～金 9:00～19:00
土・祝 9:00～18:00
㊡ 日

1｜すみれ、菊、藤、松、白檀、黄水仙、アヤメ、梅、ハス、楓、バラ、桜の12種の香りが24個入った京の花¥1210。英語で植物の名が書かれたふたの裏も素敵。

1

№24

三兄妹のそば屋で、お酒とつまみを楽しむ

2

3

4

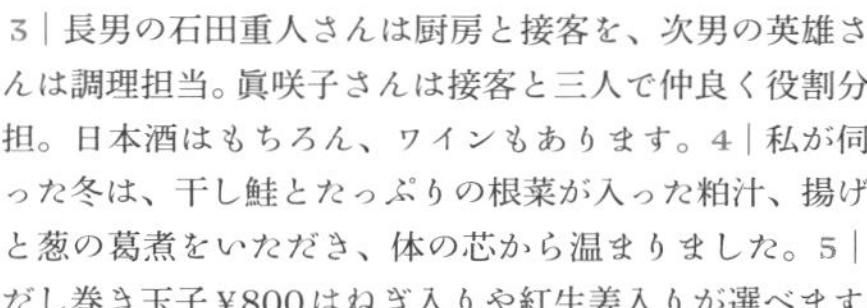

3｜長男の石田重人さんは厨房と接客を、次男の英雄さんは調理担当。眞咲子さんは接客と三人で仲良く役割分担。日本酒はもちろん、ワインもあります。4｜私が伺った冬は、干し鮭とたっぷりの根菜が入った粕汁、揚げと葱の葛煮をいただき、体の芯から温まりました。5｜だし巻き玉子¥800はねぎ入りや紅生姜入りが選べます。

5

蕎麦前にぴったりなつまみ、締めも充実

一乗寺の散策中に、出汁のいい香りと気取らない店構えに惹かれて入ったそば屋。目に飛び込んできたのは、いかにもおいしそうな文字で書かれたお品書き。見ると、だし巻き玉子に粕汁、揚げの焼いたん、海老芋の炊いたん。これはもう蕎麦前を楽しむしかありません。大好きなひれ酒もお願いしました。次々と追加する注文にも、笑顔でテキパキと対応してくれたのは眞咲子さん。ご両親が50年前にはじめたお店を、二人のお兄さんと一緒に継ぎ、今では三人で切り盛りしていると聞きました。私は気に入った店を見つけると通ってしまうのですが、このお店もそんな一軒になりそう。お目当てのそばは、好物の鴨なんばを注文。こくのある京風の出汁がおいしかったのは、言うまでもありません。

通しあげ そば鶴　［一乗寺］

京都市左京区高野玉岡町74
☎ 075-721-2488
㊮ 火〜金 11:30〜15:00
　　　17:30〜22:00
　土・日・祝 11:30〜22:00
㊡ 月・第2火

1｜牛すじや大根、春菊などのおでん、揚げの焼いたんなど。日本酒を頼みたくなるメニューばかり。2｜脂ののった鴨と香ばしいねぎの鴨なんば¥2000。

あおいもち

神社にお参りした後、古い木の看板が目に留まってふらりと入ったお餅屋さん。街で長年愛され続けている焼き餅をいただきました。香ばしくて控えめな甘さ。こういう思いがけない出合いが楽しい。

№ 25

ボタンの〝博物館〟で、とっておきを見つける

1

2｜「一緒に店を切り盛りする娘が名付けた店名のエクランは、フランス語で宝石箱の意味。ボタンで服の表情はがらりと変わる。シンプルな服がパーティーに行ける服にもなりますよ」と本間さん。3｜ボタンの他にレースやブレードなども扱っています。4｜本間さんの頭の中には、どのボタンがどこにあるか全部入っているそう。迷ったら聞くのが正解です。

2

3

4

偶然の出合いにワクワクする小さな専門店

街を歩いていて、さりげなく専門店が現れるのも京都のいいところ。ボタン、とりわけ貝ボタンは好きなもののひとつですが、普段あまり意識して買うことはないかもしれません。それだけに、ふと出合えるとうれしくなって、有名どころを巡るだけじゃない旅っていいなと改めて思います。こちらは70年前に洋裁の材料を扱う店として創業し、22年前に今のご主人の本間邦亮さんが受け継いで専門店にしたそう。素材別にぎっしりボタンが並ぶ棚は1階だけでなく2階にもあって、その数はなんと100万個以上というから驚きです。ボタンはフランスやイタリア、チェコなどヨーロッパ各地の工場に足を運び、直接買い付けてきたものが中心。貝ボタンも種類が豊富にあって、思いどおりのものが買えました。

ボタンの店 エクラン　［寺町二条］

京都市中京区寺町二条下ル榎木町98
☎ 075-254-5208
㊚10:00～18:00
㊡火・祝、他臨時休業あり

1｜貝ボタンには艶が美しい白蝶貝と、少し黄色みをおびた高瀬貝の2種類があるそう。高瀬貝のものは1個数十円と、手に入れやすい値段なのもうれしい。

1

№ 26

肝焼きとレモンサワーで乾杯する

2｜右に写っているのが店主の吉岡さんです。すごいレシピを持っているんでしょ？ と聞いたら、思いつきですって。京都の街をよく歩いた夕方に飲むレモンサワーのおいしいこと！ 3｜どんなスパイスを使っているのかも気になります。4｜泡盛にコーヒー豆を漬けたコーヒー泡盛のような、強いお酒もあります。

和とアジアが入り交じる、ここだけの味

最近一人でも飲んで食事ができる店を探しているのですが、ぴったりの居酒屋が京都にありました。ここはスパイス使いが上手で、和とアジアの味が入り交じった創作料理と、種類豊富なお酒がそろう店。なによりも私をうれしくさせるのは、店主の吉岡哲生さんの気持ちのいい笑顔です。料理を作っている姿が本当に楽しそう。まずは爽やかなレモンサワーで喉を潤しながら、お品書きを眺めるのも楽しい時間です。できたてごま豆腐、明石だこや鶏白肝のごま塩刺し、はもカツのパルミジャーノなど、料理名からして間違いないとわかる料理ばかりで、量を加減してもらえるのも助かります。中でもシナモン醤油に漬け込んだ鶏の肝焼きは、味も火の入れ加減も絶妙。肝好きの私としては必ず頼みます。

ブランカ　［御幸町三条］

京都市中京区御幸町三条上ル
丸屋町334
☎ 075-255-6667
㈼ 18:00～23:00（LO 21:00）
㊡ 日・祝日の月、他不定休

1｜キモヤキ¥550、ピータン×ザーサイ×パクチーの白あえ¥990、えびのイスラム揚げ¥1760、黒糖焼酎を使ったレモンサワー¥770。夜9時頃に登場する羽釜で炊いたおむすびも次は食べたい！

MAP-28

1

№ 27

私好みの味で七味を作る

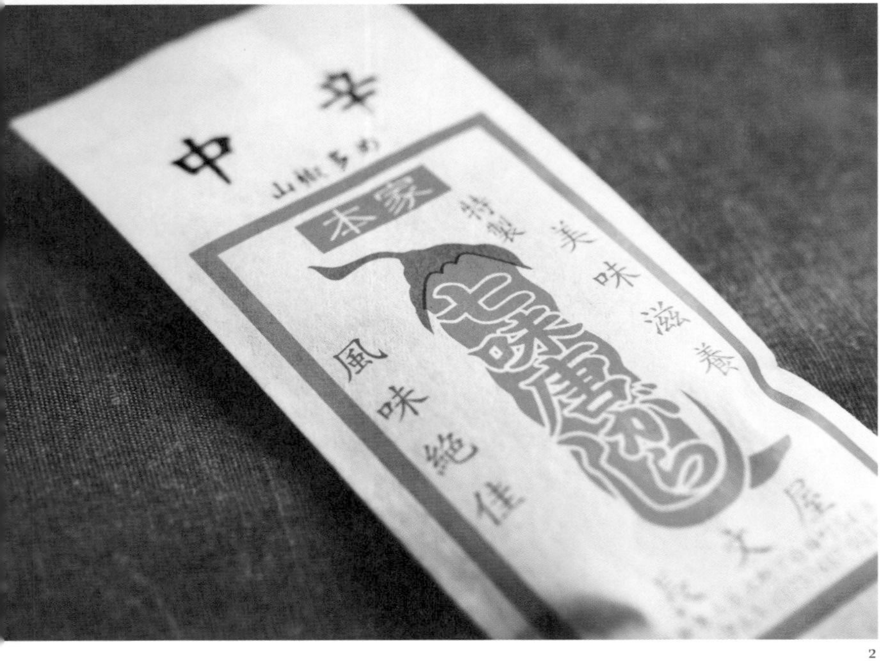

2

3

4

3｜すり鉢ですりつぶしながら混ぜ合わせる、この瞬間の香りがたまりません。私はレモンや柚子、すだちなど、庭で育てた柑橘の皮を乾燥させて加えることもあります。買い求めたものを自分でアレンジしても楽しめると思います。4｜昔ながらの匙で量ります。5｜自分用は袋で。竹筒や缶など、オリジナルの容器も。

5

七味のできたての香りに引き寄せられて

薬味好きの私にとって、七味は食卓に欠かせないもののひとつ。五味や六味にしたり、辛めにしたりと、アレンジしながら手作りしていますが、そんな私好みの七味屋さんに出合いました。北野天満宮の近くで3代目の宇野敏一さんが、息子さんと営む小さな名店。基本は小辛から大辛まで4段階ある辛さと、量を選んで注文します。唐辛子やごま、山椒などをすり鉢に入れ、目の前で仕上げてくれるのですが、七味の香りが目の前でふわっと漂います。私が自分で作りたくなる気持ちが、わかってもらえるはずです。キリッとした味の山椒多めや、唐辛子を抜いた六味はどちらもお店の定番で、おみやげに買う人も多いそう。注文に応じて調合してくれるから、自分好みの七味を見つけることができます。

長文屋　［北野］

京都市北区北野下白梅町54-8
☎ 075-467-0217
㊖ 10:00～18:00
㊡ 水・木

1｜緑の色が印象的な山椒多め。唐辛子、山椒、黒ごま、白ごま、芥子、麻の実、青のり、しそが入っています。2｜中辛の山椒多め小袋（匙5杯）¥550。

№ 28

おもちゃ箱みたいな本屋さんを探索する

1

2

3

4

2｜国産大豆だけを使った京都「藤原食品」の納豆。本屋さんで納豆を売る発想に驚きました。3｜会計をする間も、ぎっしり貼られたフライヤーを見ているうちに、時間があっという間にすぎていきます。4｜高田テルヨさんの豆ずきんという人形は、前身の「ガケ書房」時代から扱うアイテム。

本はもちろん雑貨も充実している本屋さん

本屋さんだと思って入ったら、雑貨から食品まで売っているとは、びっくりしました。店主の山下賢二さんが掲げるのは「本の多いおみやげ屋」だといいます。私も京都で作られている納豆が気になって購入。なんでもインターネットで買える今、自分の好きな本をたくさんある中から探し出すのは貴重な時間です。本棚に目を向ければ大手出版社のものから少ない部数しか刊行されていないものまで、しっかり選ばれた本が並びます。もちろんベストセラーもあって、そのバランスがちょうどいい。次回はお店の人と話しながら、ゆっくり本を探したいです。京都市内には配達もするそうで、家の近くにあったら、と思わずにはいられません。私の雑誌や本も並べてもらっていて、うれしい気持ちで店を後にしました。

ホホホ座 浄土寺店　［浄土寺］

京都市左京区浄土寺馬場町71
ハイネストビル1階
☎ 075-741-6501
㊢ 11:00～19:00
㊡ 無休

1｜ごちゃ混ぜぶりにワクワクします。扱う雑貨は個人作家のものが中心。店の奥にリソグラフ印刷の工房もあり、カタカタと印刷する音が聞こえてくることも。

キリッとした寒さの冬。雪がかかった風景も美しく、寒いのが苦手な私でもつい見とれてしまいます。移動中に見た、山に浮かぶ大の字も京都ならではの風景。

街中にたたずむ重森三玲庭園美術館では、
石庭を眺めてゆっくりすごしました。見
ごたえのある庭はいつまでも飽きません。
雪が残る風景もまた、自然の美しさです。

草木の緑もいいですが、瑞々しい苔の緑に目を奪われることも。手入れの行き届いた庭は、苔も美しく整えられています。

酒場
井倉木材
酒
立呑
酒
立呑

炭火焼きの七輪が目の前にある特等席に席を取った「酒場 井倉木材」。ついさっきまで木材店として営業していた、気取りのなさが気に入っています。

1

2

№ 29

立ち飲み屋で、夕方からチューハイを飲む

3

4

5

3｜紙コップで出てくる、からあげはん￥550。4｜いくらおろし￥600。5｜とようけ屋さんのおあげ￥490は「とようけ屋 山本」の京揚げを香ばしく炭火焼きに。極上いわしのみりん干し￥550、まきまききゅうり￥490。お酒はその時々で替わる日本酒の他、本みりんを使ったみりんレモンなんて変わったものも。料理名のセンスがよくて、注文したくなります。

昼は木材店、の開放感と心地よさ

昼間は木材店、夕方5時からは酒場。そんな不思議な店が京都にあります。店主の井倉康博さんは昼は4代目として木材店を営み、夜は立ち飲み屋の店主になるのです。開店から12年目の今も連日大人気で、常に満席。予約はできないので、開店と同時に入れるようちょっと早めに向かいます。店の半分以上は外、テーブルは一升瓶のケース、大きな木材に囲まれた空間は、気取っていないのがいい。春から秋はまだまだ外も明るくて、外飲みの開放感が味わえます。料理は新鮮な鰹のたたきやとようけ屋さんの京揚げの炭火焼き、鱧の骨せんべい、自家製さつま揚げなど、酒の肴として魅力あるものばかり。隣り合わせたお客さんとの会話もはずみ、賑やかな雰囲気の中で飲めるので、また行きたくなるお店です。

酒場 井倉木材 ［御所西］

京都市上京区藪之内町77-1
☎ なし
㊇ 17:00～22:00（LO 21:00）
㊡ 日・祝

1｜屋外では炭火で鰹の皮目を豪快に炙っています。2｜鰹の塩タタキ￥1320。ポテトサラダはなんと￥90。1回限定のサービス品。レモンチューハイ￥550。

1

№30

四川の町中華で、ワインを楽しむ

2｜私が座っている席の後ろ側が厨房。ガラス越しに活気ある様子が伝わってきます。3｜ボトルワインは¥5500～。この日はシャトー・レスティニャックの白ワインをいただきました。4｜担々麺¥1100も人気メニューのひとつ。他に甘辛い豚肉と錦糸卵の丼、てりどんきんし¥1100も名物。

2

3

4

意外な食材の組み合わせが楽しい

中國菜 大鵬　［二条駅］

京都市中京区西ノ京星池町149
☎075-822-5598
㊔11:30～LO 14:15
　17:30～LO 20:30
㊡火・隔週水

ここは町中華の親しみやすいメニューから四川料理まである、二条駅近くの中華料理店。学生から家族連れまで、地元の人がひっきりなしに訪れる人気店です。たくさんある料理の中から、この日はモッツァレラチーズとピータンと甘酢しょうがの前菜に、麻婆豆腐、よだれ鶏、担々麺、そしてフランスの白ワインをオーダーしました。京都の蓮ヶ峯農場で育てられている純国産鶏を使った蒸し鶏はしっとりとして、山椒のきいたたれが本格的な辛さでおいしい。こちらの名物料理のひとつ、牛肉を使った麻婆豆腐は肉のこくがあって、ワインと一緒にいただきました。ピータンとモッツァレラを組み合わせるという発想にもびっくり。混んでいるので、ぜひ予約してから行ってみてください。

1｜本場 牛肉麻婆豆腐（中）¥1760、よだれ鶏（ハーフ）¥1100。追加で注文できる春雨に、残ったよだれ鶏のたれをからめて、余すところなく食べました。

1

No 31

気のきいた一品料理を、カウンターで味わう

2

3

2｜2合分ある豆ごはん¥3000。土鍋のお湯が沸いたタイミングで豆を入れることで、ご飯と豆をなじませるそう。3｜北欧ヴィンテージの椅子でゆったりすごせるカウンター。お酒にもご飯にも合う一品料理が食べられます。4｜湯葉入り うすい豆のすり流し¥1200。他にも、白味噌を使った椀物があるのも京都らしい。

4

一品ずつ頼める、気取らない割烹

ひっそりと路地奥に、いいお店が潜んでいるのも京都ならではです。御所南にある割烹の「つろく」もそんな一軒。打ち水に誘われるように奥へと入って行きます。料理長の上田健登さんは、東京の名店「京味」出身。正統派の京料理をベースにしながら、栗の唐揚げ、銀杏餅の白味噌椀、香箱がにのコロッケなど、ひと工夫された料理が食べられるのです。季節で変わる土鍋ご飯も、今日はどんな組み合わせかなと想像するのが楽しみ。すり流しに浮かべた湯葉も自家製で、そのぷりっとした弾力といったら。派手さはないけれど、どれもしみじみとおいしいと思える味わいです。ちなみに「つろく」とは釣り合いや調和を意味する古い京言葉だそう。これ以上似合う店名はないと、感心した夜でした。

つろく ［御所南］

京都市中京区松屋町51
☎ 075-275-3926
㊢ 17:00～23:00（LO 22:00）
㊡ 日

1｜加賀れんこんを使ったれんこんまんじゅう¥1600は、もちもちした食感とれんこんの甘みが印象的。べっこうあんにからしを添えて、中には鴨つくねが。

1

№ 32

大衆酒場で、昼でも夜でも気ままに飲む

2

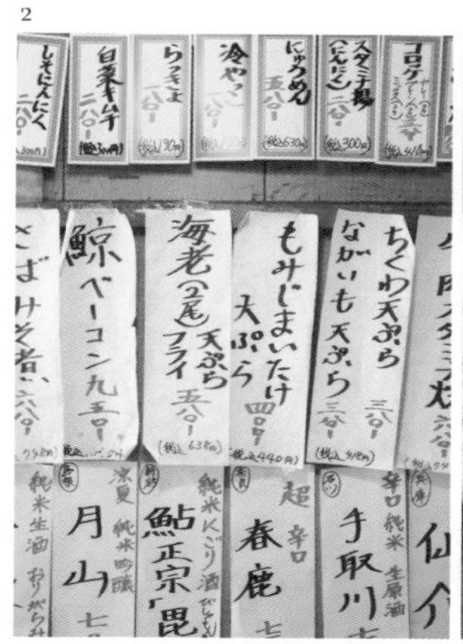

3

4

2｜赤枠の短冊は定番、黄色は季節メニューが書かれています。値段も手頃で、お勘定のときに驚いてしまいました。3｜いわしフライ¥418。4｜落ち着いて食べたいならテーブルや小上がりの席を。店に入ってすぐのところにはロの字のカウンターもあります。店は四条河原町からすぐの裏寺町にあって、現在店を切り盛りしているのは2代目夫妻と、その娘さん夫妻。

安くておいしい、京都の定番料理に居酒屋メニュー

実は息子と京都に行ったとき、新幹線に乗る前に一杯飲もうと入ったのがこちら。昼12時の開店と同時に席は埋まり、夜10時の閉店まで賑わいが続く、京都を代表する大衆酒場です。なんといっても圧巻なのは、壁にずらりと貼り出されたお品書きの短冊。名物の牛すじのどて焼きや串カツなどの王道メニューから、鯖きずし、万願寺とうがらし焼き、生麩田楽と、京都に来たら食べたいものまで勢ぞろい。旬の京都の野菜を使った天ぷらやおひたし、好物のつくねも外せません。一皿の量が多すぎないから、あれこれ食べられるのもうれしい。ビールや日本酒、ハイボール、チューハイなどお酒もそろっていて、気軽に昼から飲んだり食べたりできます。街の中心にあるので、知っておくと便利な一軒です。

たつみ ［裏寺町］

京都市中京区裏寺町通四条上ル
中之町572
☎ 075-256-4821
㊔ 12:00〜22:00
(LO 20:50／カウンター)、
12:00〜21:30
(LO 20:20／テーブル・座敷)
㊡ 木

1｜鯖きずし¥638、季節の野菜天ぷら(5種盛り)¥418、季節のおひたし¥308、万願寺とうがらし焼き¥418、牛すじどて焼¥528。ハイリキレモンは¥495。

MAP-33

岡崎から祇園へと抜ける、白川沿いの通り道。川にかかる一本橋は、手すりもない幅70cmほどの小さな橋。初夏はそよそよと揺れる柳の緑が鮮やかで、川面には鴨が気持ちよさそうに泳いでいました。

1

№ 33

立ち食いそばで、手軽にお昼を食べる

2

3

2｜春や秋は扉を開けて開放的な雰囲気に。大きな看板は掲げられていないので、なんのお店か気になってのぞき込む人もいます。3｜定番で一番人気の肉そば温泉玉子¥1200。甘辛に炊いた肉がたっぷり、なるとが温泉マークになっているのもかわいらしい。4｜ナチュールワイン¥800〜で乾杯。お酒は他にもいろいろ充実。

4

迫力ある具材と品のある出汁のそば

今、京都で人気のそば屋と聞いてきた「suba（すば）」。立ち食いのスタイルで、京都らしい深い味わいの出汁と自家製のそば、そして意外な具材を楽しませてくれます。肉そばと温泉卵、ムール貝の酒蒸しとクレソン、秋田県産三関せりと揚げ餅と、どれも気になるメニューですが、私が選んだのはえのきだけの天ぷら。出てきたのはこれ！　大きくザクッと揚がったえのきだけが、完全に主役です。淡い色のつゆも香りがよく、山盛りの天かすもサービスで、人気になるのも納得でした。驚くことはまだあって、そばをいただくカウンターは陶芸作家のアート作品。打ちっぱなしの店内には若い人や外国人観光客が並び、ワインも飲めます。こんなおしゃれな立ち食いそばがあるのだと、新鮮でした。

suba　［木屋町松原］

京都市下京区木屋町通松原上ル
美濃屋町182-10
☎ 075-708-5623
㊞ 12:00〜23:00（LO 22:30）
㊡ 不定休

1｜エノキダケ天¥700。甘めのつゆにやわらかい麺がよく合います。場所によって天板が斜めになっているカウンターはアート作品として作られているそう。

1

№34

量り売りのスーパーで食材を探す

2｜デポジット容器があるので手ぶらで買い物できて、容器を持参しなくていいのも助かります。後日返却すれば実質無料で瓶が使えるんです。3｜例えばにんじんなら、表示される商品名の中から自分が買うものを選び、計量します。4｜手作りの惣菜は店内で食べることも可能だそう。

2

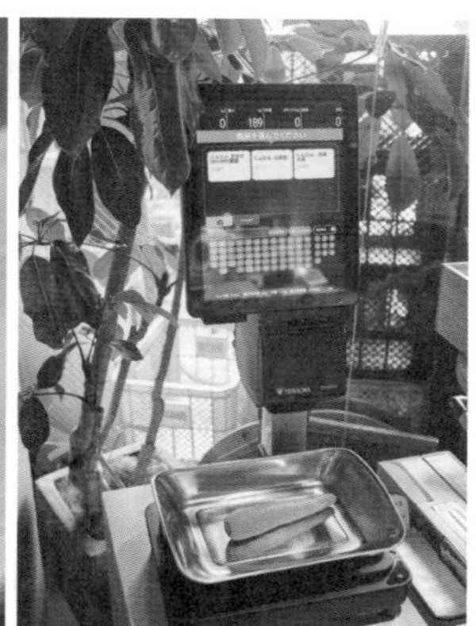

3

4

料理のイメージがふくらむ食材がたくさん

乾物から調味料、野菜、果物、お肉に惣菜まで、ずらっと並ぶ700以上の食品のほとんどが量り売りなんて！ ごみをゼロにすることを目指して個包装はせずに、食品は持参したものやレンタルする容器へ入れます。商品の並べ方もおしゃれで、真似したくなるスーパーマーケットです。店内にあるのはオーガニックやフェアトレードの観点から選ばれた食品ばかり。ワインもそろっています。店頭で回収したコーヒーかすで育てられたきのこを販売する、そんな循環もできているそう。野菜や果物はAIの秤が導入されていて、ポンと置くだけで商品名や値段が表示されるという最先端ぶりにも驚きました。買い方がわからなくてもスタッフの皆さんが親切に教えてくれるから、次からはもう安心です。

斗々屋 京都本店　［荒神口］

京都市上京区河原町通丸太町上ル
出水町252　大澤事務所ビル1F
☎ 075-221-8282
㊖ 11:00〜19:00
※水〜土のみ18:00〜23:00
はバー＆カフェ営業
㊡ 月1回不定休

1｜ひとつひとつの食材に丁寧な説明が添えられていて、どれを買おうかとワクワクします。まずはキドニービーンズを。レバーを下げてこぼさないよう瓶へ。

1

№ 35

ここだけの、古きよきものを探しに行く

工芸や手仕事の持つ魅力を伝えるお店と展示

2

3

2｜いつかご一緒したいと願っていたユキさんとは、京都でようやく会うことができました。ユキさんが手にしているのが、私の買い求めた花器。ヴィルヘルム・コーゲという陶芸家による1950年代の作品だそう。3｜花器や器、オブジェ、絵画、ジュエリー、レースなど、いくら時間があっても見足りないほど。4｜器とジュエリーを一緒にするディスプレイも素敵。

4

ユキ・パリス コレクション［哲学の道］

京都市左京区浄土寺南田町14
☎ 075-761-7640
㊎ 11:00～18:00
㊡ 水・木、夏期（8月）、年末年始

1｜ディスプレイもお手本にしたくなるショップ。いろんなものが不思議と調和しているのがユキさんのセンスです。ついいろいろとほしくなってしまいます。

ヨーロッパの手仕事と料理。ジャンルは違っても私と同世代で、同時代を生きてきたユキ・パリスさん。京都とデンマークを拠点に、キュレーターとして活躍しながら、ヨーロッパの針と糸による手仕事の作品を収集してきた方です。その美意識が凝縮された空間が哲学の道のすぐそばにあります。お祖父さまの代に建ったという実家をモダンに改装。1階は北欧や日本の工芸品、美術品が並ぶセレクトショップで、2階はヨーロッパの刺繍やレース、編み物などが展示されているミュージアム。ミュージアムに並ぶ繊細な作品は、詳しい知識がなくても素晴らしいとわかるものばかり。時代も国も超えてさまざまな美が入り交じるショップでは、スウェーデンの陶芸家の花器にひと目惚れ。家の飾り棚に置いています。

1

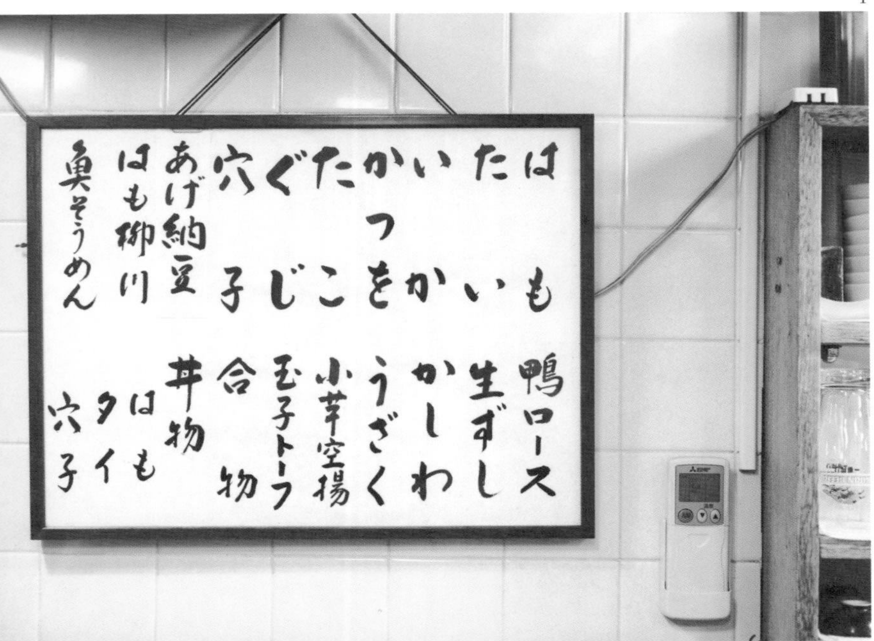

2

№ 36

11席のカウンター割烹で、地元の人と肩を並べる

3｜鱧焼き霜は時価。4｜玉子トーフ¥400は青柚子の香りを添えて。お品書きに値段は書かれていませんが、たっぷり食べて飲んでも心配無用。5｜昭和54年に開いた店を受け継ぎ、2代目の掛谷浩貴さんが切り盛りしています。外は新京極通と寺町通に挟まれて賑わいますが、中は一転して静か。

3

4

5

なにを頼んでもおいしい、街の割烹

歳を重ねた今、行きたいのは、気取らない割烹です。11席の小さな白木のカウンターに座ってお品書きを見れば、はも、たい、いかと食材の名前だけが書かれているのも潔い。ご主人に声をかけ、どう調理してもらうか相談するのもまた楽しい時間なのです。先代から受け継いだお品書き、夏の突き出しは玉子トーフ、と変わらずあり続けるのにも惹かれます。この日いただいたのは私が京都に来ると必ず食べる鯖の生ずしからはじまって、鱧をほんのり温かいうちに味わう焼き霜、そして鴨ロース。しっとりやわらかな鴨は、ウスターソースとからしで食べるのが京都の定番だそう。隣に座った常連のおばあちゃんや観光で来たご夫婦との会話もはずみ、一人で楽しめる店をまた一軒、見つけてうれしくなりました。

蛸八 ［新京極］

京都市中京区蛸薬師通新京極
西入ル東側町498
☎ 075-231-2995
㊖ 18:00～23:00
㊡ 日・水

1｜食材と料理名が入り交じっていて、どんな料理か気になるものがたくさん。これは夏メニュー。2｜鴨ロース¥1400。余計なものがない盛り付けも美しい。

買い物も食事も楽しめる
賑やかで風情ある通り

南北にのびる寺町通。まずアーケードのある四条通から北へ。新しい店に交じって宇治茶や古書店の老舗もあって、京都らしさを漂わせています。六角通では西へ寄り道、嵩山堂はし本（P.115）でカードや一筆箋を手に入れました。私が好きなのは三条通よりも北です。京都鳩居堂（P.28）で買い物をした後は、新鮮な京野菜が並ぶさくらいや青果（P.115）に立ち寄り、本能寺を横目に歩きます。アーケードが終わる御池通より北は、かつての骨董街の面影を残していて、大吉などで骨董探しをするのも楽しい。その向かいに見つけたのはボタンの店 エクラン（P.78）。二条通を西へ入れば柳桜園茶舗（P.48）もあります。京寿司の末廣（P.116）と、お茶の老舗の一保堂茶舗は向かいにあるから、お昼ごはんを食べたり休憩するのにとても便利。買い物はもちろん、食事も、ちょっと一息つく場所もあって、散歩には最高の通りです。

ご夫婦で営まれている気楽な雰囲気もいい、京寿司の末廣。大好きな鯖ずしや、〆鯖としば漬けを海苔巻きにした、いそ巻をお昼に。

御池通から四条通まではアーケードがある寺町通。四条通の一本北には錦小路通があって、寺町通から西に錦市場が続いています。

ホットケーキやタマゴサンドウィッチ、自家製プリン、フレンチトーストが人気のスマート珈琲店は有名な老舗喫茶店。観光客の列が。

骨董を探している方には、和洋も時代も幅広くそろえる大吉があります。器を見てどんな料理を盛り付けようか、考えるのも楽しい。

パンの街でもある京都では、歩いているといろいろ気になる店が。いくつか買って、翌日の朝食にするのもいいかもしれません。

京都鳩居堂では、グレープフルーツのお香を買いました。お香にはめずらしい爽やかな香りで、柑橘好きの私はうれしくなりました。

5月、新鮮な実山椒のパックをさくらいや青果 寺町御池店で見つけました。賀茂なすなどの京野菜も購入。東京まで持ち帰ります。

さりげないデザインの嵩山堂はし本の紙小物。シンプルで品があるので日常使いにぴったり。手みやげに添える、カードやぽち袋を。

観光客にも人気の一保堂茶舗 京都本店。喫茶室 嘉木で、おいしいお茶と和菓子をいただきました。帰りがけに、お茶をおみやげに。

Since 1884
創業
137年
井上佃煮店

My Souvenir
京都のおみやげ

旅先では、おみやげも欠かせません。
器、洋服、ちょっとした小物や
人にあげたら喜ばれそうなお菓子やお茶も。
最終日は生鮮食品をまとめ買いします。

01 「いづ重」の鯖姿寿司

真冬の日本海、対馬沖で獲れたものだけを選び抜いて使うという肉厚な鯖。血合いの部分を取り除いて作られているので、上品な仕上がりです。脂がのっていて、酢の加減もちょうど私好みです。小（6切れ）¥3046

02 「CHÉRIE MAISON DU BISCUIT」のビスキュイサンド ラムレーズン&マロングラッセサンド

サクサクのビスキュイ生地で、発酵バターとホワイトチョコのクリームを挟んだビスキュイサンド。ラム酒がきいたラムレーズンと、イタリア産のマロングラッセはどちらも上質で大人のためのおやつ。1缶9個入り ¥3240

03 「一乗寺とうふ」の豆腐と揚げ豆腐

2020年に新しくできた豆腐屋さん。国産大豆だけを使っていて、独自の製法で作るなめらかな木綿豆腐や、伝統の製法で作られた大判で肉厚の揚げがおいしい。揚げ豆腐 ¥250、もめん ¥250、にがり絹ごし ¥200

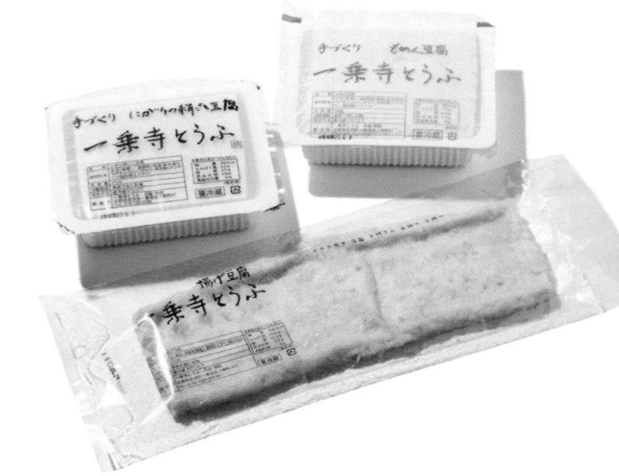

04「さくらいや青果 寺町御池店」の京野菜

東京では手に入りにくい京野菜も、街の八百屋さんなら手に入ります。おいしそうな旬の野菜を見つけたら買わずにはいられません。夏は賀茂なすや万願寺唐辛子、寒くなればえび芋や聖護院かぶらなど。値段も手頃です。

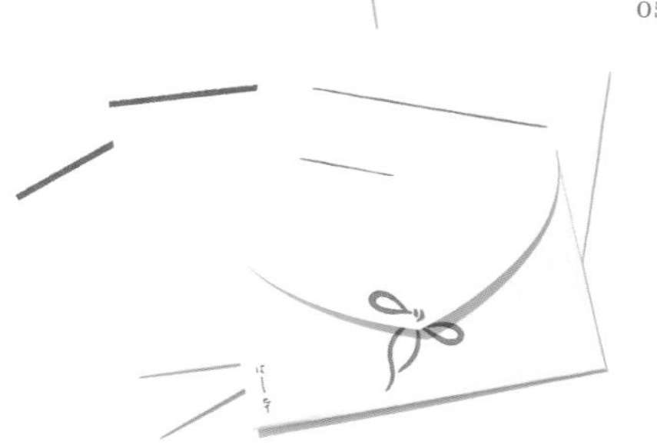

05「嵩山堂はし本」の封筒とぽち袋

気取らない普段使いの紙小物なら、こちらへ。このぽち袋や小さな封筒は派手すぎず、けれど感謝やお礼の気持ちを伝えるのにぴったりです。右／小封 紅紐10枚入り ¥660　左／ぽち袋 赤棒3枚入り ¥385 ※仕様変更予定

06「モリカゲシャツキョウト」のシャツ

普段はゆっくり買い物する時間がなくて、旅先で洋服を買うこともしばしば。こちらのシャツは大人のかわいらしさがあるフリルに惹かれました。小柄な私の体型にもぴったりで、すぐに買い求めた一着です。¥18480

07「末廣」のあなご箱ずし

明治時代から変わらない店構えの、京寿司の老舗。一番人気というあなご箱ずしは、ふっくら焼き上げた穴子と甘すぎない秘伝のたれ、間に挟んだ海苔の加減がちょうどよくて、あとを引きます。¥1540（折箱代¥110）

08「林万昌堂 四条本店」の純天津甘栗

お店の前を通りかかると香ばしい匂いに鼻をくすぐられて、つい買ってしまう大好きな甘栗。まだ温もりがあるうちにむいて頬張ります。大甘栗は立派な大粒でほくほく、かむほどに栗の甘みを味わえます。200g ¥940

09「祇園むら田」の煎り白ごま

ごまは母が好きだったこともあって、私も大好きな食材。こちらのごまはびんからあふれるくらいたっぷり、ふたを開けた瞬間にふわっと香ります。使う前に軽く炒ってすり鉢ですれば、風味が広がります。115g ¥874

10「大徳寺 瑞峯院」の唐納豆

納豆といっても室町時代に中国から伝わった、豆豉に似た唐納豆。大徳寺納豆の名前で知られています。瑞峯院では真夏に今も昔ながらの製法で、手仕事で作っていると知って驚きました。販売は9月〜1月末頃。¥1000

11「賀茂とうふ 近喜」の京揚げ

お気に入りの居酒屋で食べた炭火焼きがおいしくて、教えてもらいました。軽やかで大豆の甘みが感じられるこの油揚げは、菜種白絞油を使って一枚ずつ手揚げしているそう。油抜きの必要もありません。小・各¥200

12「加藤順漬物店」の実山椒（しお）

私の初夏の大切な手仕事に実山椒の下ごしらえがあります。茎を外して塩水漬けにしたり、佃煮にしたり。いろんな料理に展開するから、次の季節まで持たないこともしばしば。薬味好きにとって強い味方です。35g ¥864

13「とようけ屋 山本」の豆腐

西陣に店を構える老舗の、昔ながらの手仕事で作られた豆腐はおいしくて種類も豊富。新幹線に乗る前に「ジェイアール京都伊勢丹」で買えるのも便利です。左／ソフト豆腐¥205　右／手造りにがり絹ごし豆腐¥238

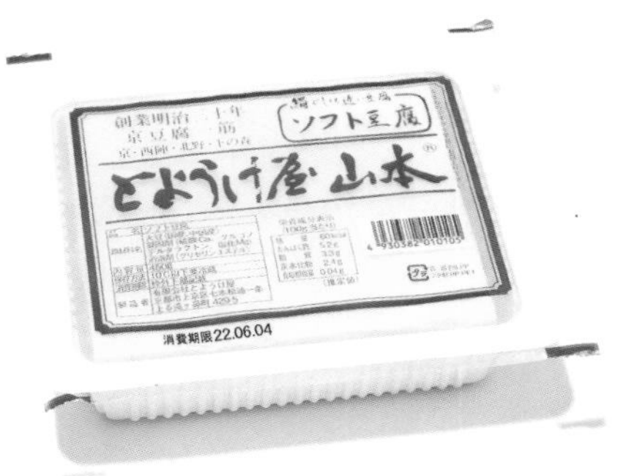

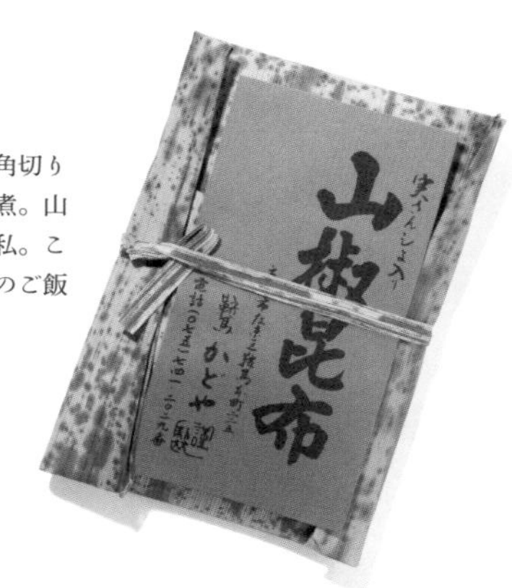

14「鞍馬かどや」の山椒昆布

鞍馬寺の参道に店を構える佃煮店の、角切りにした利尻昆布に実山椒を合わせた佃煮。山椒と聞けばつい手がのびる山椒好きの私。これはちょうどいい塩加減で、炊きたてのご飯やお茶漬けにぴったりでした。¥495

15「半兵衛麸」のあわ麸

元禄2（1689）年の創業から、麸を作り続けて330年になる老舗。粟を練り込んだ生麸は、もちもちの生地に粟粒のぷちぷちした食感がおいしい。生麸も京都に来たら欠かさず買って帰りたいもののひとつです。¥540

16「比叡ゆば本舗 ゆば八」のとろゆば

滋賀県産大豆を使った生ゆばは、とろりとしていて、そのまま味わうのはもちろん、料理に使えば食材とのからみもよくて便利。わさびじょうゆやだしじょうゆで食べたり、お吸いものに入れることもあります。¥702

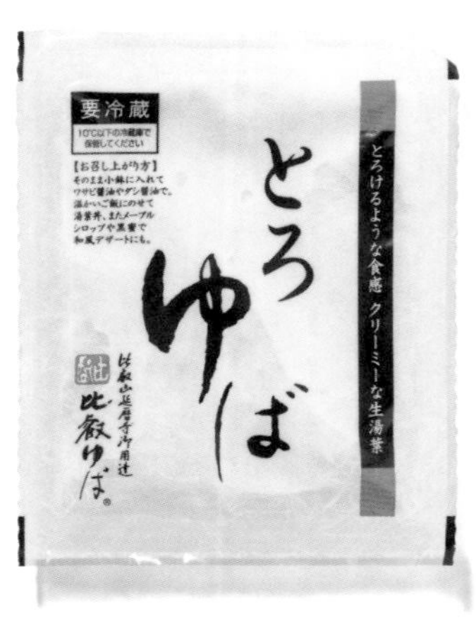

17「ちりめん山椒 千京（ちひろ）」のちりめん山椒

山椒好きの私としては、ちりめん山椒を見かけるとつい買ってしまいます。こちらのものは理想の色や香り、辛さを求めて、5月末から6月初旬に採れた京都産の実山椒だけを使ったものだそう。¥1080

18 「京都下鴨 風漣堂」の完熟赤山椒

青い実のうちに収穫することがほとんどの山椒を、真っ赤になる秋まで完熟させてから収穫。乾燥させて石臼でひいた赤山椒は、香り高くまろやかな辛さが印象的。フレンドフーズの人気商品だそうです。10g缶 ¥1380

19 「井上佃煮店」の塩吹昆布

惜しまれつつ閉店した、錦市場の老舗惣菜店の塩昆布。細く切ってあるので料理に使いやすく、塩がしっかりきいています。野菜に混ぜて即席漬けにしたり、お茶漬けや混ぜご飯と食べたり、食卓に欠かせません。¥640

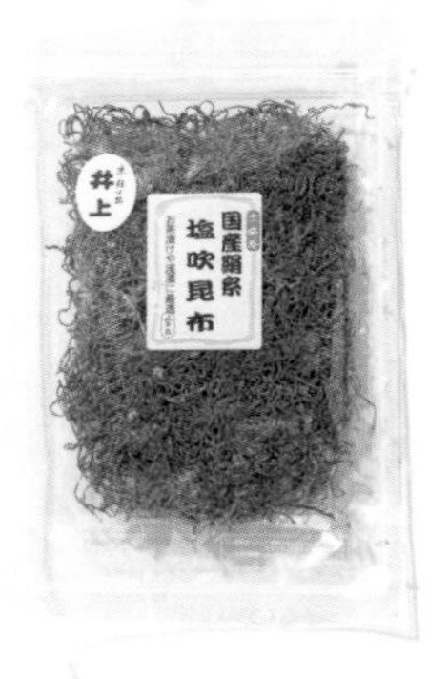

20 「フレンドフーズ」の
オリジナルアイテム

赤いラベルがオリジナル商品の目印。スープの素は調味料にも使えます。少量パックのドライフルーツは、ひとり暮らしにもぴったり。マンゴーはセブ島産。左／鶏と豚の基本スープ¥2400　右／ドライマンゴー¥378

21 「菜食 hale ～晴～」の
こんちゃんマスタード

食事をしたときキャロットラペに使われていたマスタードがおいしいと言ったら、なんと自家製とのこと。ほしよりこさんのラベルがかわいいマスタードは、おみやげに。りんご酢を使っていてまろやかな味です。¥1450

22「エースホテル京都」の
ドライヤーバッグ

内装からグッズまで、デザインへのこだわりが伝わってきたエースホテル。客室で使われているドライヤーバッグもかわいいと思ったら、1階のグッズ売り場で発見。息子へのおみやげに買って帰りました。¥2750

23「WIFE＆HUSBAND」の
コーヒー豆

ピクニックを楽しんだ後、深煎り中心の自家焙煎のコーヒー豆も購入しました。右から定番のブレンドDAUGHTER、期間限定ブレンドGENTLEMAN、ミルクとの相性がいいブレンドSON。箱入り 180g 各¥1750。

Shop List

01 いづ重

京都市東山区
祇園町北側 292-1
☎ 075-561-0019
㊔10:30〜19:00 ㊡水・木

02 CHÉRIE MAISON DU BISCUIT

京都市中京区高倉通り
夷川上ル福屋町733-2
☎ 075-744-1299
㊔12:30〜16:00 ㊡日・月・火・水

03 一乗寺とうふ

京都市左京区一乗寺宮ノ東町47
☎ 075-722-2036
㊔10:00〜16:00
㊡日・月

04 さくらいや青果 寺町御池店

京都市中京区寺町御池下ル
下本能寺前町510 梅安ビル 1F
☎ 075-212-1666
㊔10:00〜19:00 ㊡無休

05 嵩山堂はし本 京都本店

京都市中京区六角通麩屋町
東入ル八百屋町110
☎ 075-223-0347
営 10:00～18:00 休 不定休

06 モリカゲシャツキョウト

京都市上京区河原町通
丸太町上ル桝屋町362-1
☎ 075-241-7746
営 11:00～18:00 休 水、他臨時休業あり

07 末廣

京都市中京区寺町通二条上ル要法寺前町711
☎ 075-231-1363
営 11:00～18:00（店内飲食～15:00）
休 月・火

08 林万昌堂 四条本店

京都市下京区四条通寺町
東入ル御旅宮本町3
☎ 075-221-0258
営 10:00～19:00 休 元日

09 祇園むら田

京都市東山区下河原通
八坂鳥居前下ル下河原町478
☎ 075-561-1498 営 10:00～17:00
休 日・祝、水（不定休）

10 大徳寺 瑞峯院

京都市北区紫野大徳寺山内
☎ 075-491-1454
拝観時間：9:00～17:00
休 無休

11 賀茂とうふ 近喜 木屋町店

京都市下京区木屋町通
松原上ル三丁目天王町142
☎ 075-352-3131 営 9:00～15:00
休 水

12 加藤順漬物店

京都市左京区二条大橋東入ル
大文字町165-2
☎ 075-771-2302 営 9:30～18:30
休 月（祝日の場合は営業、翌日休）

13 とようけ屋 山本

京都市上京区七本松通一条上ル
滝ケ鼻町429-5
☎ 075-462-1315 営 7:00～18:00
休 無休（正月、お盆以外）

14-20 フレンドフーズ

京都市左京区下鴨北園町10-6
☎ 075-722-0451
営 10:00～21:00
休 1月1～3日

21 菜食 hale ～晴～

京都市中京区錦小路通麩屋町西入ル
東魚屋町198-1
☎ 075-231-2516
営 12:00～14:30 休 月・火・水、他不定休

22 エースホテル京都

京都市中京区車屋町245-2
☎ 075-229-9000
休 無休

23 WIFE＆HUSBAND

京都市北区小山下内河原町106-6
☎ 075-201-7324 営 10:00～17:00
（LO／ピクニック15:00、カフェ16:30）
休 不定休

地元の人が通うお店を巡り、暮らすように街歩きを

出町柳駅からのんびり叡山電車に乗って、3つ目の駅が一乗寺。住宅街の中にお店があって、“普段の京都”を楽しむのにぴったりの場所です。京都で有名なオーガニックスーパーのHELPと、店主ご夫妻のセンスで北欧ヴィンテージの器やヨーロッパの古着をそろえたケイオカイライ（P.34）がすぐ近くにあるので、まずは買い物。私は旅先でスーパーに行って、その土地ならではの食材を探すのが大好き。洋服もゆっくり見る時間があって、ほしいものが見つかりました。お昼は通しあげ そば鶴（P.74）で。まずは旬の食材を使ったおつまみとひれ酒を頼みます。鴨なんばもおいしかった。2代目として店を切り盛りする三兄妹の働きぶりが気持ちよくて、ついついお酒が進んでしまいました。ナチュラルワインが明るい時間から飲めるコイモワインも、カウンターで一人で飲むのによさそう。そう、一乗寺とうふ（P.114）で豆腐や揚げを買うのも忘れずに。あっという間に時間が経ってしまいました。

一乗寺とうふの磨き上げられた清潔感のある作業場は、見ていて気持ちがいい。他にはない、伝統的な作り方の京揚げも買えます。

雰囲気も味も好みだった通しあげそば鶴は、入り口の赤ちょうちんが目印。そばだけ食べる人も、一品料理でお酒を飲む人もいました。

オーガニックスーパーのHELPでは、京都ならではの食材や野菜を見るのも楽しい。旅の最後に立ち寄って、買い物したい一軒です。

15時から営業する、女性が店主のコイモワイン。明るい時間から食前酒にワインを一杯だけ、というのも旅ならではの楽しみです。

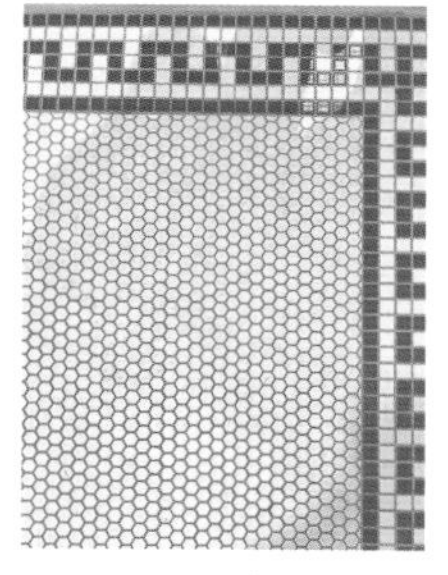

ケイオカイライの床のタイル。私も家にタイルを敷いているほど好きなので、こういう小さな共通点を見つけるとうれしくなります。

京都のみならず有名な書店、恵文社 一乗寺店は、この街に来たら立ち寄りたい。私はのんびり本を探したり、雑貨を買ったりします。

書店から豆腐屋さん、活版印刷の工房までがある一乗寺商店街は、地元の人にも親しまれている通り。

詩仙堂や圓光寺へ向かう道のりはのどか。京都では街のあちこちで、こんなお地蔵さんを見かけます。

一乗寺へは出町柳駅から叡山電車に乗って向かいます。「ひえい」という観光列車も走っています。

Place to calm down

心が穏やかになる神社とお寺

朝は少し早起きして、神社仏閣へ。
まだ人も多くない静かな時間に
手入れの行き届いた庭や境内を歩くと、
心が安らぎ清々しい気持ちになります。

右／自然の中で深呼吸したくなる、下鴨神社の参道に広がる糺の森。紅葉の名所で、池の水面に映るもみじも風情が。
左／上賀茂神社の境内にある片山御子神社は縁結びの神社だそう。神職や僧侶を目にすると気持ちが引き締まります。

右／白壁と瓦屋根に映える、満開の桜が美しい春の南禅寺。
境内は常に開放されているので、朝早くに散策できます。
左／祇園にある建仁寺は、観光の途中に立ち寄ることも。
街の喧騒から離れて有名な禅庭や貴重な絵画を見学して。

大徳寺の塔頭のひとつ、瑞峯院の独坐庭も重森三玲による石庭です。砂紋は毎朝ご住職によって描かれているそう。何度来ても、見飽きることがありません。

参拝記念 下鴨神社

京都の奥深さを知り、心が穏やかになる場所

観光に来ると、必ず立ち寄るのが神社仏閣。京都には有名なところから限定公開の場所まで、街のあちこちにお寺や神社があり、どことは決めずに行きます。隅々まで手入れの行き届いた庭や、何百年もの歴史を重ねてきた建物を眺めてすごすひとときは、なにものにもかえがたく、心を解きほぐしてくれる時間です。中でも私が気に入っているのは早朝の参拝。いくら有名なお寺や神社でも、朝の早い時間はまだ人も少なくて静かなので、ゆっくりすごせます。

昔から好きで、度々訪れているのが銀閣寺や龍安寺、そして上賀茂神社。派手さはないけれど落ち着いた佇まいは、どれだけいても飽きません。神様や仏様に祈る場所でありながら、日本の美意識がつまっていて、ただただ素晴らしい。忙しかったり疲れていたり、たとえ私がどんな状況であっても、心を和ませてくれるのです。

もうひとつ、京都へ度々足を運ぶようになって気がついたのは作庭家・重森三玲による庭園が私好みだということ。大胆な石の組み合わせで自然の風景を描き出したり、苔と切石で市松模様を描いたり、モダンなデザインが特徴です。重森三玲庭園美術館へ行ったあと、新たな魅力に気づくこともあって、重森三玲が手がけた庭があるお寺を巡る旅も楽しそうだな、と思います。

日本の自然や古くから残る建造物の美しさを改めて教えてくれる神社仏閣。時間を忘れて思うままに散策すると、歳を重ねた今だからこそ、気づくことがあります。

下鴨神社の境内にあるみたらし池。毎年、土用の丑の日の前後10日間に池の水に足をつけて無病息災を祈る足つけ神事が行われています。いつか行ってみたい！

下鴨神社［賀茂御祖神社］

歴史はとても古く、紀元前90年の書物に瑞垣の修造の記録があることから、それ以前から祀られていたと伝わる京都最古の神社のひとつ。境内には太古の原生林をそのまま残す糺の森があって、四季折々の表情を見せてくれます。糺の森の中にある参道を歩けば、ここが街中だということを忘れそうな心地よさ。朱塗りの鳥居と楼門の奥にはみたらし池が。池の底から湧き出る玉のような泡から、みたらし団子が作られるようになったといわれています。

京都市左京区下鴨泉川町59
☎ 075-781-0010
6:00～17:00、
大炊殿 10:00～16:00

MAP-05

龍安寺

敷き詰められた白砂の上に15の石が置かれた枯山水の庭園はあまりにも有名。日本はもちろん世界中に広く知られているのは、1975年に来日したエリザベス女王がじっくり眺めたことがきっかけだといいます。作者も造られた時期も不明なのに、黄金比が取り入れられたことで見る人を惹きつけ、奥の土塀によって一層際立つ白砂の庭が、私も大好きです。春には土塀の上から降るように桜の花が咲き、秋には色づく紅葉との対比も素晴らしい名庭です。

京都市右京区龍安寺御陵下町13
☎ 075-463-2216
8:00～17:00
（12～2月は8:30～16:30）

MAP-08

大徳寺 瑞峯院

大徳寺の境内にある塔頭のひとつで、戦国時代の武将・大友義鎮公の菩提寺。方丈南庭には独坐庭、北庭には閑眠庭があり、ともに1961年、重森三玲によって造られたもの。独坐庭は荒波に打ち寄せられても雄々と独坐している蓬莱山を表現。別名を十字架の庭とも呼ばれる閑眠庭は、義鎮公がキリシタン大名だったことから、横に3つ、縦に4つの石組みで十字架を表しています。昔ながらの製法を守り続ける唐納豆（大徳寺納豆）も、大切な伝統です。

京都市北区紫野大徳寺山内
☎ 075-491-1454
9:00～17:00

MAP-07

建仁寺

創建は建仁2（1202）年。賑わう祇園にあって、門をくぐれば空気ががらりと変わる京都でもっとも古い禅寺です。苔と石と紅葉の調和が美しい潮音庭、禅の思想を表した○△□乃庭、法堂の天井に描かれた迫力ある双龍図など、見どころがたくさん。生け垣が茶の木で仕立てられているのにもちゃんと理由があって、建仁寺を建立した栄西禅師は宋からお茶の種を持ち帰り、日本にお茶を広めた人だから。日々に欠かせないお茶のルーツに出合いました。

京都市東山区大和大路通四条下ル小松町584
☎ 075-561-6363
10:00〜17:00
（受付終了16:30）

MAP-39

東福寺

東福寺といえば紅葉。境内には約2000本もの紅葉が植えられ、一面を真っ赤に染める秋は圧巻です。人混みを避けたいなら青紅葉の季節に。見どころは他にもあって、方丈を囲む4つの本坊庭園も欠かせません。この庭を造ったのも重森三玲なのです。苔と切石で小さな市松模様を描いた北庭、刈り込んださつきと葛石で大きな市松模様を表した西庭、大胆に石を配置した南庭、円柱と白砂と苔で北斗七星を表した東庭。個性ある庭巡りができます。

京都市東山区本町15丁目778
☎ 075-561-0087
9:00〜16:30
（受付終了16:00）
※11月〜12月第1日曜は
8:30〜、
12月第1月曜〜3月は
16:00まで
（受付終了15:30）

MAP-44

南禅寺

東山に抱かれるように建ち、境内で豊かな自然を感じられる南禅寺。歌舞伎で石川五右衛門が「絶景かな、絶景かな」と見得を切ったのもここ、南禅寺の三門です。急な階段を上って楼上へ出れば京都市街が見渡せて、まさに絶景。もうひとつ、ここだけの絶景は境内を進むと現れる煉瓦造りの水路閣です。サスペンスドラマでおなじみといえばピンとくる方も多いかもしれません。歴史ある建物とともに眺める春の桜や秋の紅葉は、京都らしい景色です。

京都市左京区南禅寺福地町
☎ 075-771-0365
3月〜11月 8:40〜17:00
（受付終了16:40）
12月〜2月 8:40〜16:30
（受付終了16:10）

MAP-20

銀閣寺［東山慈照寺］

室町幕府8代将軍、足利義政公が建てた山荘を、没後に禅寺とした銀閣寺。禅宗の影響を受け、侘び寂びの精神が伝わる寺院です。中心となる観音殿は、金閣寺の舎利殿を模して造られたもの。余計なものを削ぎ落とし、洗練された日本の美意識を改めて感じずにはいられません。庭園には白砂を円錐形に盛り上げた向月台や、波紋を描いた銀沙灘が。今に通じるモダンさもあり、見るたびに驚きがあるので、何度でも行きたくなります。　写真提供 慈照寺

京都市左京区銀閣寺町2
☎ 075-771-5725
8:30〜17:00
（12月〜2月は9:00〜16:30）

MAP-10

上賀茂神社［賀茂別雷神社（かもわけいかづち）］

下鴨神社と同様に古代豪族・賀茂氏の氏神として奈良時代にはすでに勢力を誇っていた、京都でもっとも古い神社のひとつ。毎年5月に競馬会神事が行われる境内は広々として、境内を流れるならの小川も清々しい。散策するだけで、心がすっと穏やかになります。ご祭神の賀茂別雷大神は、雷をも避ける力を持つため厄除けの神様として広く信仰を集めてきました。2つ並ぶ円錐形の立砂は、賀茂別雷大神が降り立った神山をかたどっています。

京都市北区上賀茂本山339
☎ 075-781-0011
二ノ鳥居 5:30〜17:00
楼門、授与所 8:00〜16:45

MAP-01

光明院

室町初期の明徳2（1391）年に創建された東福寺の塔頭のひとつで、知る人ぞ知る存在。見どころは重森三玲による枯山水庭園・波心庭です。東福寺の本坊庭園と同年に造られた美しい庭です。枯山水を囲むようにつつじやさつきが植えられていて、秋になれば華やかに彩られることから虹の苔寺ともいわれるそう。本堂の柱越しや、縁側に座って見ると、額縁の絵のような眺めで、時が経つのを忘れてしまいます。季節を変えて来たいと思う場所です。

京都市東山区本町15-809
☎ 075-561-7317
7:00頃〜日没
（季節により変動）

MAP-45

建仁寺の境内にて。上が尖った形の火灯窓は、禅寺らしい装飾で、整然と並ぶ姿が美しい。次はどこへ行こうか、旅先では心が弾んでついつい急ぎ足になります。

銀閣寺から哲学の道を歩き、そして個性のあるお店に立ち寄る

銀閣寺（P.136）は、いつ行っても心が落ち着き、素晴らしいなと思う場所。ここを拝観してから街歩きをはじめましょう。まずは哲学の道へ。疏水沿いに続く小道は、季節によって風景が変わります。もう何十年も前に玲児さんと一緒に歩いたことを思い出しました。すぐ近くにはユキ・パリスコレクション（P.106）があって、ここにしかない素敵な骨董を探すのも楽しみ。ボタニック コーヒー キョウトなど、気になるカフェも見つけたので、今度寄ってみたいです。そのまま北へと戻って行けば、浄土寺エリアにつながります。金工作家のアトリエ、鉄釜で炊くご飯が人気のおにぎり屋、民芸の器とタイ料理の店、植物店、それに書店のホホホ座 浄土寺店（P.84）など、若い店主が営む小さなお店がいくつもあって、散策するのにちょうどいい。ちょっと遅めのお昼ごはんには、銀閣寺から少し西にある、中華そば ますたに 北白川本店の行列に並んでラーメンを食べました。観光と散歩にちょうどいいコースです。

鍋やカトラリー、ジュエリーなど、モダンな金工作品があるアトリエショップ、Ren。開いている日が少ないので調べてから行ってみて。

おにぎり専門店の青おにぎりは、定番からめずらしいものまで具材も凝っていて悩みそう。持ち帰ってお昼ごはんや散歩の途中に。

哲学の道は東京ではなかなか出合えない疏水沿いの道。神社仏閣やお店を巡るだけでなく、ゆっくり景色を見ながら歩く時間も贅沢。

ユキ・パリス コレクションの2階のミュージアムでは、ユキさんがヨーロッパで集めた糸や布、レースの繊細な手仕事が見られます。

雪が残って、大文字山にくっきりと浮かび上がった大の文字。京都ならではの雪景色もきれい。京都は自然の風景が印象に残ります。

すっとのびた飛行機雲が交差する青空が美しくて、急いで写真を撮りました。気持ちのいい風景に出合うと、うれしくなります。

背の高い建物がない京都は空も広く感じます。浄土寺のなにげない景色にもふと足を止めて。こんな穏やかでのんびりした時間が幸せ。

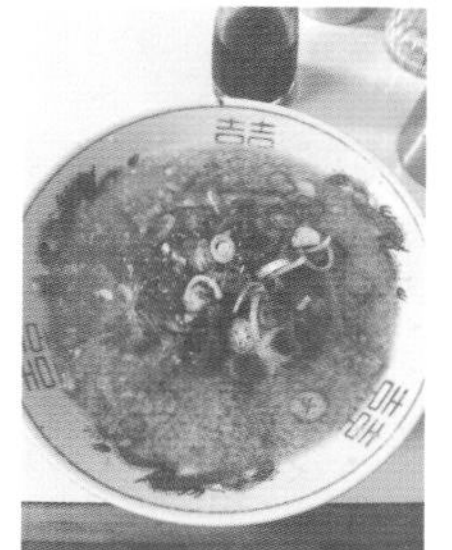

京都ラーメンの有名店、中華そばますたに 北白川本店ではカウンターでラーメンを。背脂醬油のこってりしたスープが新鮮でした。

ホホホ座 浄土寺店の古書部門も見つけました。コーヒーのいい香りがするカフェもあり、次から次へとのぞきたくなる店が現れます。

Shop Index

掲載ショップ＆スポット索引

和食・割烹

祇園おかだ［祇園］…… 012 | MAP-36

祇園 肉料理おか［祇園］…… 032 | MAP-35

蛸八［新京極］…… 108 | MAP-31

つろく［御所南］…… 096 | MAP-24

居酒屋・立ち飲み

酒場 井倉木材［御所西］…… 092 | MAP-14

SAKE CUBE［二条西洞院］…… 026 | MAP-25

たつみ［裏寺町］…… 098 | MAP-33

ブランカ［御幸町三条］…… 080 | MAP-28

そば・うどん

suba［木屋町松原］…… 102 | MAP-40

通しあげ そば鶴［一乗寺］…… 074 | MAP-04

殿田［九条］…… 024 | MAP-43

寿司

いづ重［祇園］…… 120

末廣［寺町二条］…… 121

お好み焼き・丼

あらた［九条］…… 054 ｜MAP-42

菜食 hale 〜晴〜［錦市場］…… 038, 121 ｜MAP-32

カフェ・喫茶店

小川珈琲 堺町錦店［堺町錦］…… 070 ｜MAP-30

ミスリム［河原町丸太町］…… 014 ｜MAP-19

WIFE＆HUSBAND［北大路］…… 058, 121 ｜MAP-06

甘いもの

粟餅所・澤屋［北野］…… 052 ｜MAP-15

京生麩 菊水［下河原］…… 018 ｜MAP-37

CHÉRIE MAISON DU BISCUIT［丸太町］…… 120

白（はく）［祇園］…… 046 ｜MAP-38

中華料理

イーパンツァイ タナカ［元田中］…… 030 ｜MAP-09

広東御料理 竹香［祇園］…… 062 ｜MAP-34

中國菜 大鵬［二条駅］…… 094 ｜MAP-26

バー

うえと［東山］…… 040 ｜MAP-21

Shop Index

食料品・スーパー

一乗寺とうふ［一乗寺］…… 120

加藤順漬物店［二条川端］…… 121

賀茂とうふ 近喜 木屋町店［下木屋町］…… 121

祇園むら田［下河原］…… 121

さくらいや青果 寺町御池店［寺町御池］…… 120

長文屋［北野］…… 082 | MAP-16

斗々屋 京都本店［荒神口］…… 104 | MAP-17

とようけ屋 山本［北野］…… 121

林万昌堂 四条本店［四条寺町］…… 121

フレンドフーズ［下鴨］…… 064, 121 | MAP-02

柳桜園茶舗［御所南］…… 048 | MAP-23

ファッション・雑貨

エースホテル京都［烏丸御池］…… 121

木と根［烏丸松原］…… 016 | MAP-41

京都鳩居堂［寺町姉小路］…… 028 | MAP-29

ケイオカイライ［一乗寺］…… 034 | MAP-03

香老舗 林龍昇堂［三条堀川］…… 072 | MAP-27

嵩山堂はし本 京都本店［六角御幸町］…… 121

ボタンの店 エクラン［寺町二条］…… 078 | MAP-22
モリカゲシャツキョウト［河原町丸太町］…… 121
ユキ・パリス コレクション［哲学の道］…… 106 | MAP-11

書店

誠光社［御所東］…… 050 | MAP-18
ホホホ座 浄土寺店［浄土寺］…… 084 | MAP-12

庭園・神社仏閣

上賀茂神社［上賀茂］…… 136 | MAP-01
銀閣寺［銀閣寺］…… 136 | MAP-10
建仁寺［祇園］…… 135 | MAP-39
光明院［東福寺］…… 136 | MAP-45
重森三玲庭園美術館［吉田］…… 060 | MAP-13
下鴨神社［下鴨］…… 134 | MAP-05
大徳寺 瑞峯院［紫野］…… 121, 134 | MAP-07
東福寺［東福寺］…… 135 | MAP-44
南禅寺［南禅寺］…… 135 | MAP-20
龍安寺［龍安寺］…… 134 | MAP-08

栗原はるみ

料理家。家庭料理を中心としたアイデアあふれるレシピは、年代を問わず幅広い層から支持されている。著書は『ごちそうさまが、ききたくて。』（文化出版局）をはじめ、累計発行部数は3200万部以上。現在はパーソナルマガジン『栗原はるみ』（講談社）を年3回発行している。日々更新中のインスタグラム@harumi_gram はフォロワー数70万人以上。

私の京都

2023年10月26日　第1刷発行
2024年　6月14日　第4刷発行

著者　栗原はるみ
発行者　清田則子
発行所　株式会社　講談社
〒112-8001
東京都文京区音羽2-12-21
電話　03-5395-3476（編集）
03-5395-3606（販売）
03-5395-3615（業務）
印刷所　TOPPAN株式会社
製本所　大口製本印刷株式会社
撮影　岡本佳樹
山口恵史（P.114～117）
講談社写真部（P.114～120）
イラスト　得地直美
構成　大和まこ
デザイン　白い立体
編集　片岡千晶
柴田隆寛（Kichi）

※本書は、『栗原はるみ』第2号（2022年10月号）の別冊付録に、加筆、修正し、撮り下ろしの写真と文章を加えたものです。なお、データや価格は、取材当時のものとなり、変更となっていることがあります。あらかじめご了承ください。

ISBN978-4-06-533445-4